Liebe Leserin, lieber Leser,

mit diesem Buch haben Sie einen guten Griff getan! Denn egal, was Sie vorhaben – ob Sie modernisieren oder verschönern, ob Sie reparieren oder ein eigenes Möbelstück bauen möchten –, jetzt kann nichts mehr schiefgehen. Die Fachautoren von Europas größtem Do it yourself-Magazin «SelberMachen» präsentieren Ihnen Heimwerken auf dem neuesten Stand. Schritt für Schritt werden sämtliche Handgriffe und kleinen Tricks erklärt. Alles, was wir Ihnen hier zeigen, ist vielfach und ausführlich in den Werkstätten von «SelberMachen» getestet und erprobt worden. Wir wünschen Ihnen viel Freude und Erfolg bei all Ihren Selbermacher-Plänen!

Wolf Dietrich Laatzen

Tapezieren, Streichen, Lackieren

rororo selbermachen

Herausgegeben von Wolf Dietrich Laatzen

Die Reihe rororo selbermachen wird produziert von
der Redaktion der Zeitschrift SelberMachen,
Jahreszeiten Verlag, Hamburg

*Autor und Verlag bedanken sich bei
den Firmen OSMO, Münster, und
Gebr. Rasch Tapetenfabrik, Bramsche,
für die freundliche Unterstützung
bei der Entstehung dieses Buchs.*

20. – 22. Tausend April 2000

*Originalausgabe
Veröffentlicht im Rowohlt Taschenbuch Verlag GmbH,
Reinbek bei Hamburg, Januar 1997
Copyright © 1997 by Rowohlt Taschenbuch Verlag GmbH,
Reinbek bei Hamburg
Layout Simone Sander
Umschlaggestaltung Walter Hellmann
(Foto: Ariadne Ahrens)
Lithographie Grafische Werkstatt Christian Kreher, Hoisdorf
Satz PostScript Sabon und Frutiger auf
Apple Macintosh, QuarkXPress 3.31
Gesamtherstellung Clausen & Bosse, Leck
Printed in Germany
ISBN 3 499 60301 2*

Inhalt

Wanddekoration: Tapeten

für jeden Geschmack

*Wohnräume sollen nicht nur zweck-
mäßig, sondern vor allem
behaglich sein. Dabei spielen Tapeten
eine entscheidende Rolle.*

*Wandschmuck
von der Rolle. Für
jede Geschmacks-
richtung und
auf jeden Wohn-
stil abgestimmt
gibt es heute
passende Tapeten.*

Muster verändern Räume

Die größten sichtbaren Flächen in einer Wohnung sind die Wände. Beim Betreten eines Zimmers fallen sie als erstes ins Auge und bestimmen damit den ersten Eindruck, den man gewinnt. Auf die Wände sollte deswegen auch das größte Augenmerk bei der Renovierung oder Neugestaltung einer Wohnung gerichtet werden. Tapeten bieten eine ideale Möglichkeit, zu dekorieren und gleichzeitig Behaglichkeit zu erzeugen. Die aufgedruckten Muster und dabei verwendeten Farbtöne können starke optische Wirkungen hervorrufen und die Wahrnehmung beeinflussen. So lassen große Muster mit kräftigen Farben die Wände näher zusammenrücken, Streifen und Muster mit senkrechter Betonung lassen die Räume höher erscheinen, und waagerecht verlaufende Muster strecken die Wände in die Länge. Ein niedriger Raum wirkt höher, wenn man die Decke hell und ohne Muster gestaltet, ein hoher Raum wirkt niedriger, wenn man die Decke dunkler hält, als der Grundton der Wände ist. Geprägte und strukturierte Tapeten heben Wände hervor, bei glatten Oberflächen treten sie eher in den Hintergrund.

anderen Licht erscheinen.

Aufeinander abgestimmte Tapeten, Stoffe und Bordüren eines Herstellers (rasch-Tapeten) bilden ein komplettes Dekosystem, mit dem sich in allen Variationen spielen läßt. Dreimal derselbe Raum mit unterschiedlichen Wand- und Fensterdekorationen. So können Muster und Farben das Zimmer verändern (links unten, Mitte und oben).

Kombinieren schafft weitere Variationen.

Eine individuelle Note bekommt die Wohnung, wenn Tapeten und Fensterdekoration gut miteinander harmonieren. Großflächige Ornamente stehen hier im reizvollen Kontrast zu dezent gemusterten Tapeten (links). Aber auch verschiedene Tapeten lassen sich gut kombinieren (unten).

Eine ganz besondere Spezialität: Metalltapeten

Metalltapeten sind auf Papier kaschierte Metallfolien, meist Aluminium. Durch besondere Oberflächenbehandlungen (bedrucken, oxydieren, ätzen, prägen) werden Spezialeffekte erzielt. Individuelle Muster kann man selbst durch nachträgliches Handkolorieren mit Speziallasurfarben schaffen.

kommen sie von der Wand.

Mit Hilfe von Dampf und einem leistungsfähigen Gerät, das ihn erzeugt, wird das Ablösen alter Tapeten zu einer leichten Arbeit.

Glatte, haftfähige Wände sind die Voraussetzung dafür, daß die neuen Tapeten gut aussehen und sich nicht von selbst wieder von der Wand ablösen.

Zu den mühsamsten und unangenehmsten Arbeiten beim Tapezieren gehört das Ablösen der alten Tapeten. Viele wollen sich diese Mühe ersparen und kleben einfach die neue Tapete über die alte. Aber damit ist der Ärger schon vorprogrammiert. Alle Unebenheiten, die sich auf der alten Tapetenschicht kaum bemerkbar machen, zeichnen sich auf den neuen Tapeten meist sehr deutlich ab. Besonders übereinandergeklebte Nähte drücken sich durch. Es gibt aber auch ein Klebeproblem. Beim Auflegen der eingekleisterten Tapetenbahn zieht die Feuchtigkeit aus dem Kleister durch die alte Tapete und löst dort die alte Kleisterschicht an. Die neue Tapete haftet dann zwar gut auf der alten, aber diese nicht mehr auf der Wand und löst sich großflächig ab.

So läßt man Dampf für sich arbeiten

Das hier in Aktion gezeigte Gerät ist speziell zum Ablösen von Tapeten vorgesehen. Wasserdampf weicht die alte Kleisterschicht auf, und die Tapeten können leicht von der Wand gezogen oder mit Hilfe eines Stoßspachtels abgehoben werden.

Der Dampf wird in dem Hauptgerät erzeugt und durch einen Schlauch in die Dampfplatte geleitet, aus deren Unterseite er durch feine Düsen austritt und durch die Tapete in die Kleisterschicht dringt.

Das Wassertank faßt 5 Liter. Das reicht für ca. 90 Minuten Arbeit mit Volldampf. Der Verbindungsschlauch ist 3,6 m lang, das langt auch für Arbeiten an der Zimmerdecke. Das Gerät hat eine Leistung von 2000 Watt und besitzt einen Trockengehschutz, der bei leerem Tank sofort abschaltet.

Tapetentiger ist der Name dieses Spezialwerkzeugs, dessen Messerrädchen die Tapetenoberfläche fein perforiert.

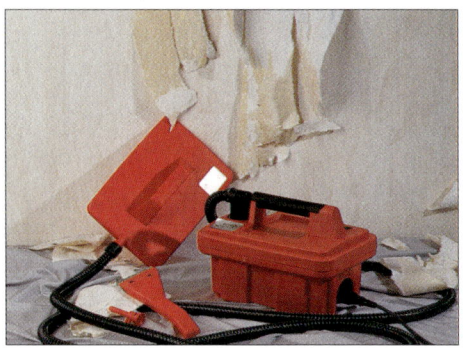

Dampftapetenablöser, bei dem Dampferzeuger und Handgerät getrennt sind. Bei größeren Vorhaben lohnt der Kauf (Lehnartz).

Das Handgerät, aus dem der Dampf strömt, wird langsam über die Fläche geführt und die weiche Tapete mit dem Schaber abgehoben.

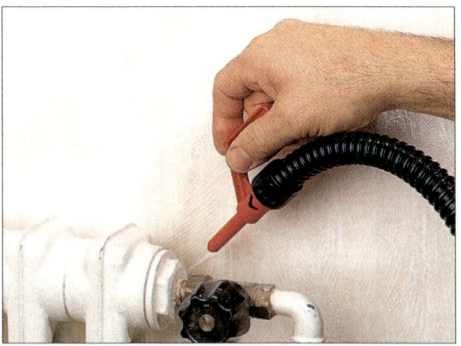

Unzugängliche Stellen, die man mit dem Handgerät nicht erreicht, werden mit der Dampfdüse gezielt bearbeitet.

Abgedeckt bleibt alles sauber

Man kommt also um das Ablösen der alten Tapeten nicht herum. Dafür gibt es verschiedene Möglichkeiten. Bevor man jedoch an die Arbeit geht, sollten der Boden und die in Wandnähe stehenden Möbel wasserfest mit Folie abgedeckt werden. Außerdem ist ein größerer Behälter für die abgelösten Tapeten nötig. Das kann auch ein Plastiksack sein, der durch eine Klappgestell offengehalten wird. Nur dann kann man den Abfall beidhändig greifen und in den Sack stopfen.

Am einfachsten lassen sich dünne, nur einfach bedruckte Tapeten ablösen. Man streicht die Wände einfach mit Wasser ein, wartet ca. 10 Minuten und kann dann von oben nach unten die einzelnen Bahnen in einem Stück von der Wand ziehen. Das Einstreichen kann mit einer Deckenbürste (Quast) oder einer Lammfellrolle erfolgen. Die Rolle darf nur langsam drehen, damit es nicht so stark spritzt. Bei hartnäckigen Stellen kann man mit einem breiten Stoßspachtel nachhelfen. Bei dickeren, mehrfach bedruckten oder mehrschichtigen Tapeten oder auch mehreren Tapetenschichten übereinander funktioniert das nicht mehr so einfach. Um die aufweichende Wirkung des Wassers zu erhöhen, kann man etwas Spülmittel oder noch besser einen Tapetenablöser in das Wasser geben. Um zu verhindern, daß das Wasser von der Wand abläuft, bevor es in die Tapete einziehen kann, setzt man dem Wasser etwas Tapetenkleister zu. Es bleibt dann besser auf der Wand stehen und kann so auf die alte Kleisterschicht einwirken. Reicht ein Auftrag von Wasser nicht aus, um bis in die Kleisterschicht durchzuweichen, muß die Prozedur gegebenenfalls mehrfach wiederholt werden.

Nagelwalzen, *Schleifpapier oder Drahtbürsten reißen die Tapetenoberfläche auf, damit Dampf oder Wasser den Kleister erreicht.*

Führen die geschilderten Methoden nicht zum Erfolg, muß man zu Hilfsmitteln greifen. Das ist auch immer dann nötig, wenn die Tapetenoberfläche durch die Art des Bedruckens oder durch nachträgliche Schutzanstriche wasserdicht versiegelt ist. Metallbeschichtete Tapeten, Vinyltapeten und Rauhfasertapeten mit Latex- oder Dispersionsanstrichen haben ohnehin eine weitgehend wasserdichte Oberfläche. Bevor das Wasser zum Auflösen an die Kleisterschicht gelangen kann, muß die Oberfläche perforiert werden. Das geht mit Nagelwalzen, Nagelbrettern, Kratzern oder Drahtbürsten.

Die modernste und wirksamste Methode, Tapeten abzulösen, erfolgt mit Hilfe von Dampf. Dazu werden verschiedene Geräte angeboten. So gibt es Geräte, die aussehen wie ein Bügeleisen. Sie haben einen eingebauten Wasserbehälter und werden auch wie ein Bügeleisen über die Wand geführt. Bei Apparaten mit höherer Leistung wird der Dampf in einem separaten Gerät erzeugt und über einen langen Schlauch in das leichte Handgerät geführt. Nach der gleichen Methode arbeiten Zusatzgeräte, die es als Ergänzung zu den Dampfreinigern zu kaufen gibt.

Der Vorteil des Ablösens mit Dampf liegt in der Leistung, denn das Ablösen dauert nur 10 – 20 Sekunden, und es entsteht weniger Schmutz, Abdecken kann also entfallen. Wasserdichte Schichten auf der alten Tapete müssen wie beim Ablösen mit Wasser vorher angeritzt werden.

Ein weiterer Vorteil ist die Möglichkeit, überkopf zu arbeiten. So kann man Tapeten auch von der Decke ablösen, ohne daß das Abweichwasser in den Ärmel läuft oder in die Augen tropft.

Zusätze *im Wasser beschleunigen das Aufweichen der Tapete. Man kann das Wasser auch mit einer Sprühflasche auf die Wand spritzen.*

Abkratzwerkzeuge *ziehen die aufgeweichte Tapete von der Wand, Stoßspachtel werden flach unter die Bahn geschoben.*

Ölkreide oder
Fettflecken an der
Wand werden
mit Verdünnung
entfernt und
die Fläche dann
mit Isolierfarbe
gestrichen
oder besprüht.

zum Tapezieren vorbereitet

Tapeten halten immer nur so lange an der Wand, wie der Untergrund es zuläßt. Bei guter Vorarbeit kann man sich später viel Ärger ersparen.

Den besten Untergrund zum Tapezieren bieten neu geputzte Wände, die einen Feinputz aus Gips als Oberfläche haben. Sie sind glatt und eben, der Gips bietet eine nicht zu stark saugende Fläche, auf der der Tapetenkleister gut haften kann. Bei Neubauten sollte man dem Mauerwerk einige Wochen Zeit lassen, um vollständig durchzutrocknen.

Doch bei Renovierungen sieht die Realität meist anders aus: Schadhafter Putz, Flecken unterschiedlicher Herkunft, ausgebrochene Mauerecken und Reste von kreidenden Altanstrichen verunstalten die Wände. Alte Tapeten sollten vollständig entfernt werden.

Die Festigkeit alter Anstriche läßt sich durch einen einfachen Test ermitteln. Man drückt einen Klebestreifen (z. B. Tesafilm) gegen die Wand und zieht ihn wieder ab. Bleibt Farbe in Placken oder als mehlige Fläche auf der Klebeschicht zurück, wird auf dieser Wand kaum ein Kleister halten. Die alte Farbe muß mit Wasser und Quast abgewaschen werden, oder es wird ganzflächig eine Tiefengrund aufgetragen.

Ist die Putzoberfläche rauh und narbig, wird das beim Kleben von grober Rauhfasertapete kaum zu sehen sein. Sollen jedoch dünne und wenig gemusterte Tapeten verklebt werden, schlagen die Unebenheiten durch. Abhilfe schafft ein neuer Feinputz oder das Verkleben von Makulaturpapier, das ist eine packpapierähnliche Untertapete.

Wasserflecken, die von Durchfeuchtung herrühren, werden mit Isolierspray oder mit lösungsmittelhaltiger Isolierfarbe behandelt.

Schimmelpilz läßt sich oberflächlich mit Spezialentferner neutralisieren. Die Ursache muß man jedoch anders bekämpfen.

Dübellöcher und kleine Putzschäden lassen sich mit Spachtelmasse oder mit fertigem Füllstoff aus der Tube verschließen.

So werden Flecken behandelt

Flecken an Wänden müssen – je nach Entstehungsart – unterschiedlich behandelt werden. Am häufigsten tritt Schimmel auf. Er zeigt sich in schwarzen Flecken, sitzt aber nicht nur an der Oberfläche, sondern geht auch ins Mauerwerk hinein. Durch mehrfaches Einsprühen mit Schimmel-entferner und anschließendes Überstreichen mit Tiefgrund läßt sich der Schaden oberflächlich beheben. Schimmel entsteht durch kondensierende Feuchtigkeit an der Innenseite von Außenwänden. Dauerhafte Abhilfe schaffen nur eine Wärmedämmung der Wand von außen und häufiges Lüften des Raums. Wasserflecken, die von Durchfeuchtungen (Regen- oder Leitungswasser) herrühren, können nach dem Austrocknen mit Fleck-isolierer oder Tiefgrund behandelt werden. Damit wird das Durchschlagen durch Tapete oder Anstrich vermieden, aber nicht die Ursache der Entstehung behoben. Schwer zu beheben sind Sottflecken, die durch Schornsteinkondensat entstehen. Sie zeichnen sich als gelbe Flecken mit dunkelbraunen Rändern dort ab, wo hinter der Wand ein Schornstein verläuft, der stillgelegt und nicht abgedeckt wurde, unter falschen Bedingungen oder mit zu geringen Abgastemperaturen betrieben wird. Die Heizanlage sollte überprüft werden. Abdecken lassen sich die Sottflecken nur durch das großflächige Kaschieren der Wand mit Aluminiumfolie. Löcher im Putz verschließt man, je nach Größe, mit Reparaturmörtel, mit Gips bzw. Zellulosefüllstoffen oder mit Spachtelmasse aus der Tube. Risse in der Wand werden mit Füllstoff verschlossen und mit einer in die Masse eingebetteten Rißbinde aus Glasfaser überbrückt.

Risse im Putz bzw. im Mauerwerk füllen und mit einer Rißbinde verschließen. Zellulose-Füllstoff verwenden, er ist elastischer als Gips.

Tiefgrund festigt alte Anstriche, isoliert und gleicht unterschiedliche Saugfähigkeit bei altem Putz und ausgebesserten Stellen aus.

Löcher, die bei Installationsarbeiten entstanden sind, werden mit Reparaturmörtel oder, wenn sie kleiner sind, mit Gips gefüllt.

Kantenschutz mit einem Set, das aus einem speziellen Kantenschutzband und Füllstoff besteht. Das Band paßt sich Unebenheiten an.

Kantenschutzprofile schützen Mauerecken gegen Schaden. Sie werden in den Putz eingeschlossen und flächenbündig verspachtelt.

Winkelstreifen aus verzinktem Stahlblech können als Kantenschutz vor dem Tapezieren mit Silikon auf den Putz geklebt werden.

19

Moderne Tapeten sind mehr

Unzählige Muster, Farben und Strukturen machen die Wahl der Tapete nicht einfach. Stil und Farben müssen auf die Einrichtung abgestimmt sein.

als nur bedrucktes Papier

Die Höhlenmalereien der Vorzeit und moderne Tapeten sollen den gleichen Zweck erfüllen: Behaglichkeit in heimischer Umgebung schaffen.

Wandbekleidungen und Wandschmuck sind keine Erfindung der Neuzeit. Waren es in grauer Vorzeit Jagdmotive, Mosaiken in Pompeji, römische Fresken oder Seidenbespannungen in der Renaissance, alle sind Vorläufer moderner Tapeten. Diese zu erschwinglichen Preisen herzustellen ist allerdings erst seit fortgeschrittener Technik in der Papierherstellung und neuen Drucktechniken möglich. Industriell hergestellte Tapeten kennt man seit ca. 1785. Heute werden Tapeten hauptsächlich in drei Druckverfahren hergestellt. Flexodruck nennt sich ein Verfahren, das dem Buchdruck ähnlich ist. Wie beim Stempeln drucken die hochstehenden Teile des Druckstocks. Beim Tiefdruck ist es umgekehrt. Es drucken die tiefliegenden Teile der Druckwalze, von den hochstehenden wird die Farbe abgerakelt. Beim Siebdruck wird die Farbe durch ein teilweise perforiertes Rundsieb schablonenartig auf das Papier gepreßt.
Bei allen Verfahren wird von einer Rolle gedruckt. Bei diesem Endlosverfahren kehrt das Muster oder Motiv nach einer Umdrehung der Rolle wieder. Die Wiederholung des Musters kann aber auch in kürzeren Abständen erfolgen. So entsteht der Rapport, der beim Kleben der Tapete berücksichtigt werden muß.
Mehrfachdurchläufe des Papiers und/oder verschiedene Druckwerke hintereinander lassen es zu, Tapeten in beliebig vielen Farben zu drucken.

Kinderzimmertapeten sind farbenfroh und häufig mit Motiven aus der Märchenwelt bedruckt. Die Oberfläche sollte waschbar sein.

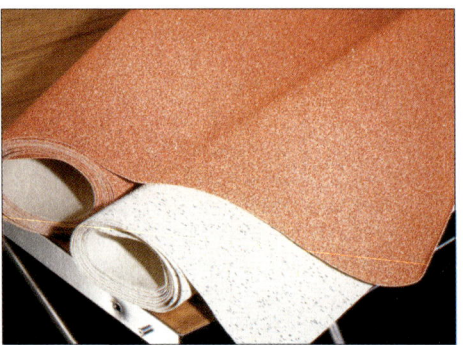

Steintapeten sind stark strukturiert und in mehreren Farben lieferbar. Durch besondere Behandlung besitzen sie einen Glitzereffekt.

Gedruckt, geprägt, beschichtet

Grundlage für die bedruckte Standardtapete ist heute häufig Recycling-Papier. Neben dem einfachen Bedrucken des Papiers gibt es noch weitere Techniken, die Tapete zu gestalten. Die Tapete kann z. B. zwischen einer Negativ- und einer Positivwalze geprägt werden und erhält damit eine strukturierte Oberfläche. Stärkere Strukturen entstehen beim Bedrucken mit aufschäumender Farbe. Durch Beflocken der Papieroberfläche entstehen velourartige Oberflächen, die verschiedene Muster und Farben haben können.

Bei Textiltapeten werden Kettfäden, Gewebe oder Gewirke auf die bereits bedruckte Papierfläche kaschiert, oder die Tapete wird nach der Kaschierung bedruckt. Kunststofftapeten sind mit wasserabweisenden Lacken bzw. Folien beschichtet, bei Metalltapeten wird statt Kunststoff eine hauchdünne Aluminiumschicht aufgebracht. Alle hier genannten Formen der Herstellung können miteinander kombiniert werden. Damit erhöht sich die Zahl der Tapetenmuster sehr.

Der Druck kann unterschiedlich ausfallen.

Tapeten gleichen Musters können von Rolle zu Rolle farblich leicht voneinander abweichen. Nur bei übereinstimmenden Chargennummern ist die farbliche Übereinstimmung gewährleistet. Beim Kauf sollte man alle Rollen vergleichen, damit später an der Wand keine Unterschiede sichtbar sind.

Stilmittel moderner Tapeten.

Körnungen unterschiedlicher Größe und in verschiedenen Farben geben dieser Tapete eine interessante Oberfläche.

Metalltapeten besitzen eine Aluminiumschicht als Oberseite. Mit transparenten Farben bedruckt, entstehen besondere Effekte.

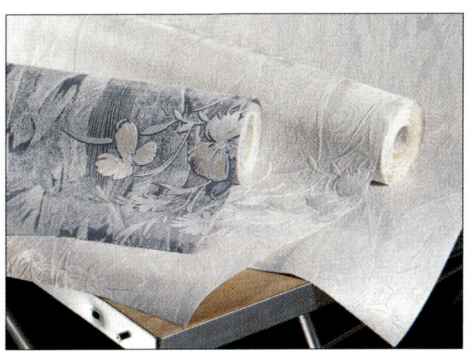

Relieftapeten, bei denen Prägung und Druck genau übereinstimmen, wirken plastisch und geben ein fast räumliches Erscheinungsbild.

Granit und Quarzgestein als aufgestreutes Granulat geben diesen Tapeten eine sehr rauhe, aber auch interessante Oberfläche.

Keramik/Porzellantapeten mit eingestreuten Chips aus diesem Material gibt es in vielen leuchtenden Farben und Mustern.

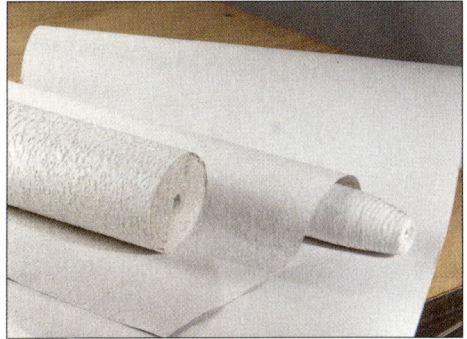

Rauhfaser- und Prägetapeten werden übergestrichen. Durch ihre Struktur entfalten sie ihren Reiz bei seitlich einfallendem Licht.

Tapeteneinkauf: Wie viele

Die Herstellungsnummer (auch Chargennummer genannt) sollte bei allen Rollen, die für einen Raum gedacht sind, gleich sein. Die Nummer ist auf die Banderole gestempelt.

Der Versatz des Musters ist bei der Bemessung der Tapetenmenge zu berücksichtigen. Bei musterlosen Tapeten und ansatzfreien Mustern gilt nur die reine Raumhöhe.

Der Bedarf an Tapeten hängt nicht nur von der Wandfläche ab. Wichtig ist das Tapetenmuster: Je größer es ist, desto mehr Rollen braucht man.

Ist die erste Bahn einer gemusterten Tapete zugeschnitten, muß die zweite so abgelängt werden, daß das Muster kontinuierlich weiterläuft. Die dritte Bahn wird der zweiten angepaßt, die vierte der dritten usw. Der Abschnitt, um den die Bahn die Raumhöhe überragt, ist Verschnitt, der in den Müll wandert. Je größer das Muster ist und damit auch der Abstand, nach dem es sich wiederholt, desto mehr Verschnitt muß man einrechnen. Der Versatz des Musters, der pro Tapetenbahn als Verschnitt gerechnet werden muß, ist auf der Rollenbanderole abzulesen.

In der Regel sollte man eine oder zur Sicherheit sogar zwei Rollen mehr kaufen, als nach der nebenstehenden Tabelle errechnet wird. Fast alle Geschäfte, die Tapeten verkaufen, nehmen Rollen zurück, deren Verpackung unbeschädigt ist. Alle Tapetenrollen sollten die gleiche Herstellungsnummer tragen. Damit ist absolute Farbgleichheit gewährleistet. Die meisten Tapetenrollen entsprechen in ihren Abmessungen der Norm: Bahnbreite 53 cm, Länge 10,05 m. Textil- und Glasfasertapeten werden auch in abweichenden Maßen angeboten.

Beim Messen des Raumumfangs sollte man die Breiten von Türen und Fenstern normaler Größe nicht abziehen. Diese Reserve braucht man zum Ausgleich der Verluste beim Anpassen der Bahnen. Die Fensterbreite ist nur bei ausgedehnten Glasflächen zu berücksichtigen.

Rollen werden gebraucht?

Tapetenbedarf für Wände (Anzahl der Rollen)							
	Raumumfang in m (einschließlich Türen und Fenster)						
Wandhöhe	10	12	14	16	18	20	22	24
2,1 – 2,3 m	5	5	6	7	8	9	10	11
2,3 – 2,4 m	5	6	7	8	9	10	10	11
2,4 – 2,6 m	5	6	7	9	10	11	12	13
2,6 – 2,7 m	6	7	8	10	11	12	13	14
2,7 – 2,9 m	7	8	9	11	12	13	14	15

Tapetenbedarf für die Decke							
	Raumumfang in m						
	9–12	13–15	17–18	20–21	22–24	26–27	29–30
Anzahl der Rollen	2	3	4	6	7	9	10

So werden die Raumhöhe und der Raumumfang richtig gemessen

Mit dem Meter-maß den Abstand von der Oberkan-te der Fußleiste bis zur Decke messen. Das ge-naueste Maß be-stimmt man mit einem langen Rollbandmaß oder wenn man mit zwei Zoll-stöcken gleichzei-tig mißt. Beim Umfang reicht es, zwei ungleiche Wände zu messen und mit zwei zu multiplizieren.

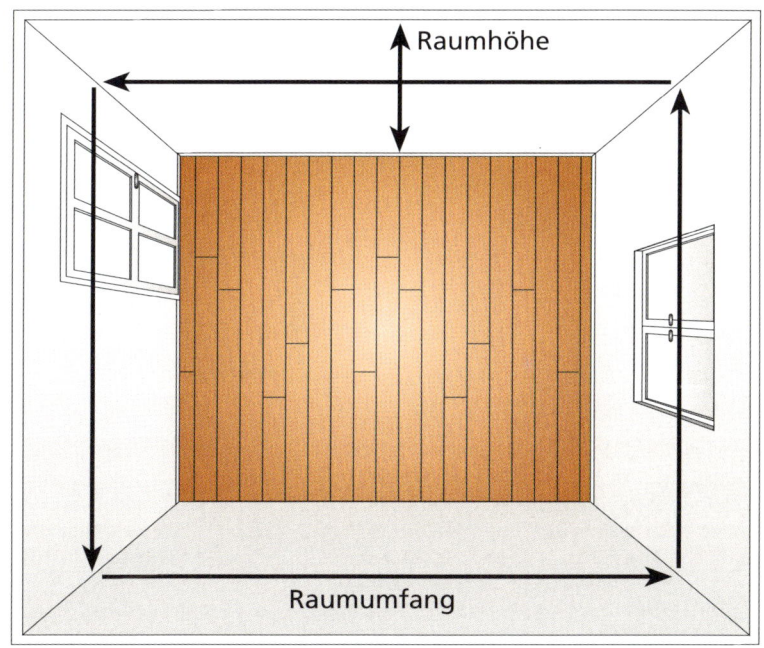

Raumhöhe

Raumumfang

Tapetenkennzeichnung: Was

Tapetenkennzeichnung nach Europa-Norm 235

Wasserbeständigkeit   **Waschbeständigkeit**

wasserbeständig (bei der Verarbeitung)   waschbeständig   hoch waschbeständig   scheuerbeständig   hoch scheuerbeständig

Farbbeständigkeit gegen Licht

ausreichend   befriedigend   gut   sehr gut   ausgezeichnet

Ansatz des Musters

ansatzfrei   gerader Ansatz*

*Rapport in cm (z. B. 50 cm)

**Rapport und Versatz (z. B. 50/25 cm)

**versetzter Ansatz   gestürztes Kleben

Art der Verarbeitung   **Verschiedenes**

Tapete einkleistern   Wand einkleistern   vorgekleistert   dupliert   Überlappung

Verfahren für das Entfernen

restlos abziehbar   spaltbar   naß zu entfernen   stoßfest

Die europäischen Tapeten- und Wandbekleidungshersteller haben sich bereits 1980 zusammengeschlossen, um einheitliche Qualitätsstandards für ihre Produkte zu erstellen. Dies führte 1989 zu den ersten europäischen Normen (EN) wie den abgebildeten Verarbeitungssymbolen für Tapeten und Wandbekleidungen. Sie sind bei allen Qualitätstapeten immer auf der Rückseite aufgedruckt und zusätzlich auf dem Beipackzettel vermerkt. Dieser Zettel, der auch den Namen des Tapetenherstellers und die Bezeichnung des Musters trägt und auf dem sich auch die Herstellungsnummer (Chargennummer) befindet, ist als Banderole um jede Tapetenrolle gewickelt.

bedeuten die Symbole?

Erklärung der in der Tabelle angegebenen Fachbegriffe

wasserbeständig
Frische Kleisterflecken können mit einem feuchten Schwamm abgetupft werden.

waschbeständig
Leichte Verschmutzungen können mit einem feuchten Schwamm entfernt werden.

hoch waschbeständig
Verschmutzungen, außer Ölen, Fetten usw., können mit leichter Seifenlauge und einem Schwamm entfernt werden.

scheuerbeständig
Verschmutzungen, die wasserlöslich sind, können mit milder Seifenlauge oder mildem Scheuermittel mit Schwamm oder weicher Bürste abgewaschen werden.

hoch scheuerbeständig
Zum Entfernen wasserlöslicher Verschmutzungen können mehr Druck und stärkere Scheuerbewegung angewendet werden.

ausreichend lichtbeständig
Die aufgedruckten Muster und Farben sollten nicht ständig der Sonnenbestrahlung ausgesetzt werden.

befriedigend lichtbeständig
Die Wandbekleidung kann der Sonnenbestrahlung in normalem Umfang ausgesetzt werden.

gut lichtbeständig
Bessere Eigenschaften als befriedigend lichtbeständig.

sehr gut lichtbeständig
Noch bessere Eigenschaften.

ausgezeichnet lichtbeständig
Der Wandbelag kann ständiger Sonnenbestrahlung ausgesetzt werden

ansatzfrei
Muster braucht man beim Kleben nicht zu beachten.

gerader Ansatz
Gleiche Muster in genau gleicher Höhe nebeneinander.

versetzter Ansatz
Das Muster auf der nächsten Bahn jeweils um die halbe Musterhöhe verschieben.

gestürztes Kleben
Jede zweite Bahn beim Kleben auf den Kopf stellen.

Tapete einkleistern
Der Kleister wird auf die Tapetenrückseite aufgetragen.

Wand einkleistern
Der Kleister wird auf den Untergrund aufgetragen.

vorgekleistert
Die Tapetenrückseite ist mit Kleister beschichtet, der durch kurzes Einweichen in Wasser aktiviert wird.

trocken abziehbar
Die Tapete läßt sich trocken abziehen, ohne Rückstände auf der Wand zu hinterlassen.

spaltbar
Die Oberschicht der Tapete läßt sich trocken abziehen, die Unterschicht bleibt als Makulatur auf der Wand.

naß zu entfernen
Die Tapete muß zum Entfernen eingeweicht und mit einem Spachtel abgestoßen werden.

dupliert
Prägetapete aus zwei gegeneinander kaschierten Papierschichten. Die Prägung bleibt beim Tapezieren erhalten.

Überlappung
Bei ansatzfreien, schweren Spezialbelägen. Jede neue Bahn überlappt die vorherige um ca. 5 – 8 cm. Im Bereich der Überlappung werden beide Bahnen mit einem scharfen Klingenmesser gemeinsam geschnitten und die Reststreifen entfernt.

stoßfest
Bezeichnung für besonders widerstandsfähige Spezialbeläge mit hartelastischer Oberfläche (z. B. mit Glasfaserarmierung).

Diese Tapezierwerkzeuge

Werkzeuge zum Schneiden der Tapeten sollten rostfrei sein, denn sie kommen häufig mit dem wassergelösten Kleister in Verbindung.

machen die Arbeit leicht

Das Tapezieren hat sich im Laufe der Jahre kaum verändert, aber moderne und verbesserte Werkzeuge lassen die Arbeit leichter von der Hand gehen.

Ein großer Aufwand an Arbeitsmitteln und Werkzeugen ist zum Tapezieren nicht erforderlich, und das, was unbedingt gebraucht wird, findet sich in den meisten Werkzeugbeständen eines Heimwerkers oder im Haushalt.

Zum Messen benötigt man einen Meterstab (Zollstock) und ein Bandmaß, das mindestens so lang sein sollte wie die Deckenhöhe des zu tapezierenden Zimmers. Zum Festlegen senkrechter und waagerechter Bezugslinien braucht man ein Lot, meist tut es auch ein Band, an einem Ende mit einem Gewicht beschwert, und eine Wasserwaage, die möglichst einen Meter lang sein sollte.

Zum Ablängen der Tapeten verwendet man eine scharfe, lange Schere, die möglichst aus Edelstahl sein sollte. Eine einfache Schere würde nach dem Kontakt mit Kleister sehr schnell rosten. Ablängen kann man auch sehr gut mit einer Abreißschiene, einer Kombination aus einer Griffleiste aus Holz und einer scharfkantigen Blechunterlage aus Edelstahl. Mit Hilfe dieser Schiene kann man trockne und eingekleisterte, zusammengelegte Tapetenbahnen sauber abreißen. Schneiden lassen sich Tapeten auch mit einem Cuttermesser oder einer elektrischen Schere, deren Edelstahlmesser bis scharf in die Ecke reichen. Lange Schnitte kann man auch mit Hilfe einer Schiene und einem Schlagmesser ausführen. Eine zeitsparende Technik, die aber Übung erfordert.

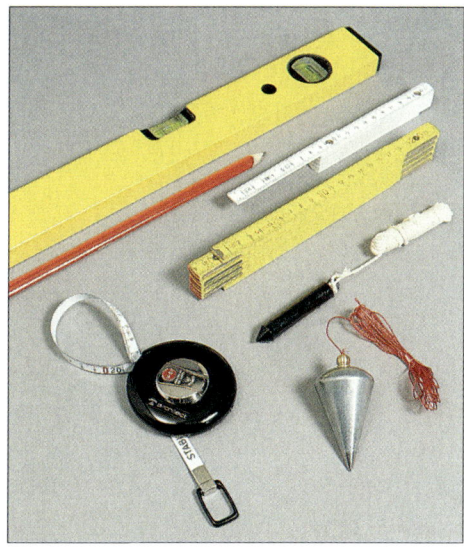

Wasserwaage und Senklot werden zum Festlegen der senkrechten Anlagelinie für die erste Tapetenbahn gebraucht. Zum Messen von Längen sind Meterstab und Bandmaß da.

Bürsten, Rollen und Kunststoffspachtel benutzt man zum Andrücken der Tapetenbahn. Mit diesen Werkzeugen werden auch Luftblasen zum Rand der Tapete geschoben.

Leitern müssen groß genug sein und ein GS-Siegel (Geprüfte Sicherheit) oder ein TÜV-Zeichen tragen. Tapeziertische sind klappbar.

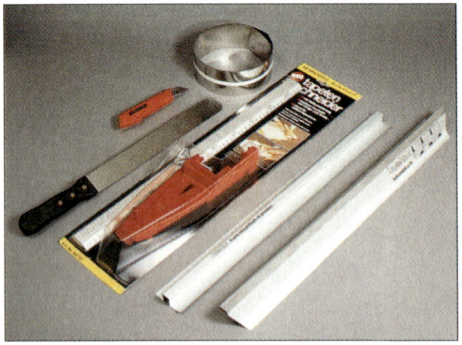

Schlagmesser und Stahlschiene sowie Schienen als Anschlag für das Cuttermesser braucht man für Längs- und Querschnitte an Tapeten.

Werkzeuge aus der Profi-Praxis

Eingekleistert werden die Tapeten entweder auf herkömmliche Weise mit einem Quast oder, blitzschnell und ohne Mühe, mit einem Kleister-Auftraggerät. Der angerührte Kleister wird in die Wanne des Geräts gegeben und über ein Walzensystem gleichmäßig aufgetragen, die Tapetenbahn wird nur noch durch das Gerät gezogen. Wie satt der Kleber dabei aufgetragen wird, läßt sich einstellen. Dieses Gerät spart so viel Zeit und Mühe, daß sich seine Anschaffung schon bei mittelgroßen Tapeziervorhaben lohnt.

Zum Anrühren des Kleisters wird ein Kunststoffeimer benötigt, dessen Bodendurchmesser so groß sein sollte, daß der Quast den Kleister vollständig aufnehmen kann. Angerührt wird der Kleister am besten mit einem abgewinkelten Heizkörperpinsel, mit dem auch Kleister in unzugängliche Ecken gebracht werden kann. Zum Andrücken der Tapete an die Wand und zum Herausdrücken eingeschlossener Luftblasen verwendet man Bürsten, breite Kunststoffspachtel oder Rollen. Bürsten gibt es in unterschiedlichen Formen, mit weichen oder festen Borsten, die auch seitlich überstehen können, damit man besser in die Ecken kommt. Breite Kunststoffspachtel haben eine weiche, ausgeformte Kante, die zum Andrücken flach über die verklebte Tapete gezogen wird. Die Rollen gibt es aus Plastik oder festem Schaumstoff in unterschiedlichen Breiten. Mit speziell geformten Rollen drückt man die Tapete in Innenecken und auf Außenecken. Zum Anpressen der Tapetenstöße gibt es besondere, tonnenförmige Nahtroller. Man kann die Tapeten auch mit einem einfachen Tuch andrücken, das weich und ca. handtuchgroß sein sollte.

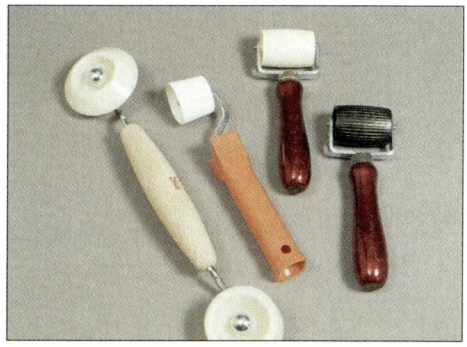

Eckenroller (links) drücken die Tapeten in und an Ecken. Mit Nahtrollern werden die Tapetenstöße an die Wand gepreßt.

Ausgerollt, abgemessen, geschnitten und eingekleistert werden die Tapeten auf einem Tapeziertisch. Die Länge des Tisches sollte mindestens 10 cm mehr betragen, als die Tapetenbahnen lang sind. Preiswerte Tische sind aus einfachem Sperrholz, bessere haben Außenkanten aus Aluprofil und lackierte Tischflächen. Wichtig ist, daß der Tapeziertisch sicher steht und das Fußgestell aus Rohren nicht ungewollt zusammenklappt.

Einen sicheren Stand braucht auch die verwendete Leiter, die lang genug sein muß und eine Möglichkeit zum Ablegen oder Anhängen des Werkzeugs haben sollte. Für unterschiedliche Tapetenarten gibt es verschiedene Kleister. Angaben, welcher Kleister für welche Tapeten der richtige ist, findet man auf den Banderolen der Tapetenrollen. Die Ergiebigkeit des Kleisters richtet sich nach der Konsistenz, in der er angerührt werden muß. Angaben dazu stehen auf der Kleisterverpackung.

Tapetenkleister gibt es für verschiedene Tapetenarten, spezielle Untergründe und Situationen. Hinweise stehen auf den Packungen.

Kunststoffeimer und Quast sind für den Kleisteransatz und das Auftragen nötig. Gerührt wird mit einem Heizkörperpinsel.

Kleisterblitz heißt dieses Gerät, mit dem der Kleister beim Durchziehen aufgetragen wird. Wie stark der Auftrag wird, ist einstellbar.

Wenn es auch bei den ersten
Bahnen noch etwas langsam
geht, man arbeitet sich
schnell ein. Zu zweit – einer
kleistert ein, einer klebt –
geht es noch zügiger voran.

kommen sie an die Wand

Das Tapezieren gehört zu den häufigsten handwerklichen Arbeiten, die der Heimwerker selber ausführt. Kein Problem, wenn man weiß, wie es geht.

Voraussetzung für eine gutes Gelingen der Tapezierarbeiten ist neben dem Beherrschen der Arbeitstechnik auch eine gute Vorbereitung für die Arbeiten. Das trifft für die Vorbereitung der zu tapezierenden Wände zu wie für den Arbeitsraum selber. Wichtig ist das Freiräumen der Wände. Zum Hantieren mit der Leiter ist ein Streifen von mindestens einem Meter Breite nötig. Zur Not können die Möbel in der Mitte des Zimmers zu einem Block zusammengerückt werden. Helles Licht und eine gute Belüftung des Zimmers sind wichtig, denn beim Trocknen des Kleisters verdunstet eine große Menge Wasser. Durchzug sollte vermieden werden. Heizkörperventile werden zugedreht, damit Tapetenbahnen über Heizkörpern nicht zu schnell und ungleichmäßig trocknen.

Einkleistern mit einem Quast. Erst in Längsrichtung auftragen, dann quer gleichmäßig vertreiben. Alle Stellen müssen bedeckt sein.

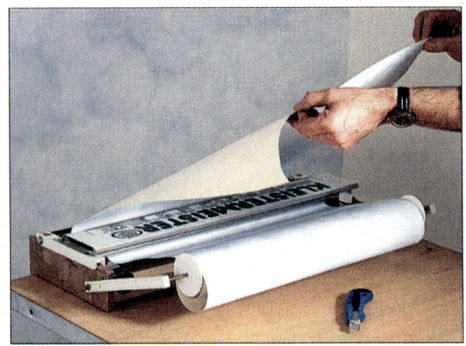

Kleistermaschinen sorgen für einen gleichmäßigen Auftrag. Die trockene Tapetenbahn wird einfach durch die Maschine gezogen.

Der Zuschnitt erfolgt hier nach dem Einkleistern mit dem Messer an einer Schiene. Die Bahnlänge zeichnet man am Tapeziertisch an.

Von beiden Seiten wird die Tapetenbahn – Kleister gegen Kleister – eingeschlagen. Dabei die Ränder bündig legen und gut andrücken.

Den Kleister quellen lassen

Neben dem Arbeitsraum vor den zu tapezierenden Wänden wird Platz für den Tapeziertisch gebraucht und ein Tisch oder eine freie Bodenfläche, wo die eingekleisterten Tapetenbahnen zum Weichen abgelegt werden können. Überall dort, wo mit Kleister gearbeitet wird, sollte der Boden sorgfältig mit Folie abgedeckt werden, die man am besten mit Krepp-Klebeband von vorn gegen die Fußleiste klebt. Die obere Kante der Fußleiste muß frei bleiben, weil dort später die Tapete aufstößt.

Zuerst wird der Kleister angerührt. Kaltes oder leicht angewärmtes Wasser wird in einen ausreichend großen Eimer gegeben und das Kleisterpulver unter ständigem Rühren eingestreut. Das Verhältnis Wasser zu Pulver steht auf der Kleisterpackung. Der Kleister braucht einige Minuten zum Quellen, bevor er gebrauchsfertig ist. Die Tapetenbahnen werden auf Länge zugeschnitten (oben und unten jeweils ca. 3 cm Überstand zugeben) und mit der Sichtseite nach unten auf den Tapeziertisch gelegt. Bei vielen gemusterten Tapeten ist der Rapport zu berücksichtigen. Das ist der Abstand, nach dem sich das aufgedruckte Muster wiederholt. Beim Zuschnitt muß ein entsprechender Versatz mit eingerechnet und die Bahn länger abgeschnitten werden. Der Versatz ist auf dem Beipackzettel der Rolle in Zentimetern angegeben oder ergibt sich aus dem Muster.

Beim Einkleistern mit dem Quast legt man die Tapeten leicht gestaffelt aus und zieht zum Auftragen des Kleisters die oberste Bahn bis an die Vorderkante des Tisches vor. Der Kleister wird dann satt in Längsrichtung aufgetragen und quer vertrieben. Dabei ist es wichtig, daß die Ränder gut eingestrichen werden. Durch Lichtreflexe auf der Oberfläche kann man gut kontrollieren, ob der Kleisterauftrag lückenlos ist. Das Einkleistern mit einer Maschine geht wesentlich schneller, ist müheloser, und der Kleisterauftrag ist gleichmäßiger. Für Vieltapezierer ist eine solche Maschine eine lohnende Anschaffung.

Die eingekleisterten Tapeten müssen nun einweichen. Damit der Kleister dabei nicht eintrocknet, werden die Bahnen – Kleisterschicht auf Kleisterschicht – zusammengelegt und die Ränder angedrückt. Man schlägt dazu die Bahn von beiden Enden bis zur Mitte ein. Dann werden die Bahnen in logischer Reihenfolge abgelegt. Die Weichzeit beträgt je nach Dicke der Tapete zwischen 5 und 15 Minuten.

Die Einweichzeit beträgt je nach Dicke und Art der Tapete 5 – 15 Minuten. Die Bahn soll weich und geschmeidig sein.

Der obere Einschlag wird geöffnet, und die Bahnecken werden mit beiden Händen gehalten. Vorsicht: Weiche Tapeten reißen leicht.

Mustertapeten mit Ansatz

Klein gemusterte Tapeten können meist ohne Rücksicht auf das Muster verklebt werden. Wenn ein Ansatz berücksichtigt werden muß, findet man einen entsprechenden Hinweis auf dem Beipackzettel der Tapetenrolle. Beim Ablängen der Bahnen muß ein entsprechender Überstand zugegeben werden.

Mit Lot oder Wasserwaage wird eine senkrechte Bezugslinie angezeichnet. Daran wird die erste Tapetenbahn angelegt.

Längsschnitte kann man an der eingekleisterten Bahn machen. Die Tapete mit dem Cuttermesser an einem langen Anschlag schneiden.

Mit dem Tapetenmesser und einer festgeklebten Schlagschiene geht`s schneller. Das Messer gleitet scherenartig an der Schiene entlang.

Die erste Bahn an der Markierungslinie anlegen und oben mit etwas Überstand andrücken. Dann den unteren Einschlag ausklappen.

Ausreichend einweichen lassen

Das Einkleistern und das Verarbeiten der geweichten Bahnen geschieht in einem Rhythmus. Eine Bahn einkleistern, als vorderste in die Reihe legen und dann die hinterste wegnehmen und ankleben. So ist eine ausreichende Weichzeit gewährleistet, und die eingekleisterten Bahnen können in der Reihenfolge nicht durcheinandergeraten.

Zum Ansetzen der ersten Bahn braucht man eine exakt senkrechte Linie, die man zuvor mit Hilfe von Wasserwaage oder Lot an die Wand zeichnet. Man nimmt die zusammengelegte Bahn in der Mitte auf, geht auf die Leiter, greift die beiden oberen Außenecken der Bahn und läßt den Rest langsam nach unten gleiten. Die Kleisterschichten lösen sich voneinander, wobei der untere Einschlag der Tapetenbahn noch erhalten bleibt. Dann legt man die Außenkante der Bahn an die senkrechte Linie und drückt die Bahn oben mit etwas Überstand zur Decke in voller Breite gegen die Wand. Dabei immer die Deckung von Bahnkante und Strich im Auge behalten und die Bahn von oben nach unten andrücken. Kommt man vom Strich ab, kann man die Tapete auf der Kleisterschicht mit der flachen Hand verschieben. Klappt das nicht auf Anhieb, die Bahn abziehen und die Prozedur wiederholen. Ist dann nicht mehr genug Kleister auf der Tapete, wird nachgekleistert. Der Einfachheit halber geht man dann mit dem Kleisterquast direkt auf die Wand. Sitzt die Bahn richtig, wird sie mit einer weichen Schaumstoffrolle, mit einem breiten Kunststoffspachtel oder mit einer Tapezierbürste angedrückt. Lufteinschlüsse oder kleine Kleisternester werden dabei schräg von oben zur Bahnseite herausgeschoben. Dann den unteren Einschlag der Bahn ausklappen und ebenfalls andrücken.

Geweichte Tapeten sind sehr reißempfindlich, entsprechend vorsichtig muß man vorgehen. Oben und unten wird die Bahn in die Ecke zur Decke und zur Fußleiste gedrückt. Mir einem Bleistift oder der Außenkante der Schere wird die Ecke markiert. Dann die Bahn oben wieder etwas abziehen, an der Markierungslinie den Überstand mit der Schere abschneiden und die Tapete wieder andrücken. Für diese Arbeit des Anpassens gibt es auch spezielle Tapetenschienen.

So wird nun Bahn neben Bahn gesetzt. Um Außenecken wird herumtapeziert, bei Innenecken geht das nicht so einfach. Wenn die Tapete sich beim Trocknen spannt, würde sie aus der Ecke herausgezogen und eine hohle Stelle bilden. Deswegen schneidet man die Bahn so breit, daß sie etwa 3 cm um die Ecke reicht und der Rest der Bahn auf diesem Überstand direkt in der Ecke neu anfängt. Auf die gleiche Art wird z. B. auch eine Wand mit Dachschräge tapeziert: von unten bis in den Wandknick, einen schmalen Überstand lassen, die Bahn abschneiden und dann auf dem Überstand genau im Knick neu ansetzen.

Eingekleisterte Tapeten lassen sich gut schneiden, wenn sie noch Kleister auf Kleister liegen. Man schneidet dann mit einer Schere oder mit Hilfe einer Schlagschiene, die man auf die Tapetentischkante klebt, und einem Schlagmesser. Lange gerade Schnitte gelingen auch gut, wenn man die Tapete auf den Tapeziertisch legt und mit einem flach geführten Cuttermesser an einem Anschlag entlangschneidet.

Mit der Schaumstoffrolle oder einer Bürste die Bahn andrücken. Dabei Lufteinschlüsse zur Seite und nach unten herausschieben.

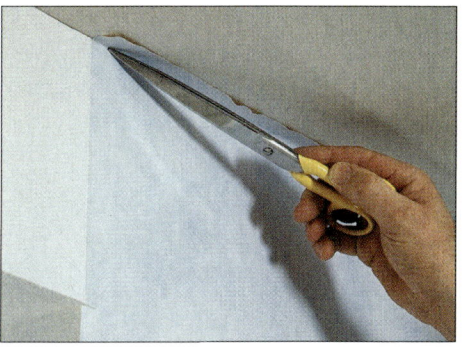

Für den Deckenanschluß und den Stoß auf die Fußleiste die Tapete in die Ecke drücken und mit der Schere oder einem Bleistift markieren.

Die Tapete etwas von der Wand abziehen, mit der Schere an der Markierungslinie abschneiden und die Bahn wieder andrücken.

Eine Tapetenschiene kann zum Ablängen an Decke und Fußleiste unter die Bahn geschoben und die Tapete abgeschnitten werden.

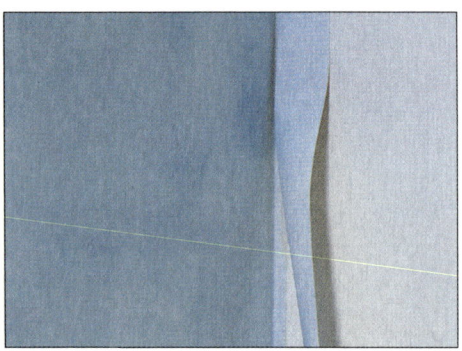

Bei Innenecken darf die Bahn nur wenige Zentimeter um die Ecke reichen. Die Tapete entsprechend schneiden und neu ansetzen.

Bei Fensterbänken die Tapete einschneiden und die überstehende Lasche abtrennen. Die Fensternische mit Tapetenstreifen auskleiden.

Auf das Muster achten

Werden Mustertapeten mit Ansatz verarbeitet, muß man beim Anlegen der nächsten Bahn natürlich auf das durchgehende Muster achten. Man läßt die Tapete nach oben, entsprechend der Zugabe beim Ablängen, überstehen und schneidet sie dann wie beschrieben auf die richtige Länge.

Den Nähten zwischen den einzelnen Bahnen muß besondere Beachtung geschenkt werden. Haben die Tapetenränder nicht genug Kleister, um die Bahn von Anfang an gut und fest an der Wand zu halten, wird sich die Tapete nach dem Trocknen etwas rollen und von der Wand abheben. Bei flach einfallendem Licht macht sich das dann durch häßliche Schlagschatten bemerkbar. Ist man unsicher, ob der Kleister reicht, sollte man den Rand der Tapete anheben, mit einem Pinsel Kleister nachgeben und dann die Bahn wieder andrücken. Zum Andrücken der Ränder gibt es auch spezielle tonnenförmige Nahtroller, mit denen man die äußerste Kante das Papiers leicht quetschen und damit die Naht vollkommen unsichtbar machen kann.

Das Verkleben von Rauhfaser- und Strukturtapeten geschieht grundsätzlich auf die gleiche Weise wie bei den einfachen Papiertapeten. Bei Strukturtapeten ist evtl. ein Ansatz des Musters zu beachten. Klebt man beim Ausflicken oder Einsetzen kleiner Stücke die Rauhfasertapete aufeinander, so werden die Stücke nicht geschnitten, sondern gerissen. Das ergibt eine ausgefranste Kante, die nach dem Überstreichen nicht mehr zu erkennen ist. Prägetapeten dürfen beim Andrücken oder Anrollen nicht zu stark gepreßt werden. Dabei würde die erhabene Prägung flachgedrückt. Tapeten mit textiler Oberfläche sollten immer angerollt werden, beim Wischen mit einer Bürste könnten sich Fasern losreißen. Auch Tapeten mit metallischer Oberfläche sollten angerollt werden. Das Darüberstreichen könnte nämlich Schrammen verursachen.

Beim Weichen der Tapete durch den Kleister werden die Fasern des Trägerpapiers in ihrer Struktur locker, beim Trocknen an der Wand ziehen sich die Fasern wieder zusammen, und die Fläche spannt sich leicht. Kleine Falten und Erhöhungen, die auf der feuchten Tapete noch zu erkennen sind, ziehen sich dann wieder glatt. Um die Qualität der geleisteten Arbeit beurteilen zu können, sollte man also einige Stunden vergehen lassen.

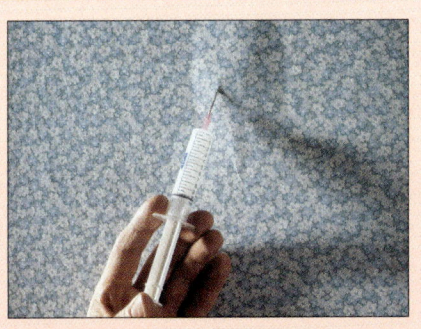

Luftblasen beseitigen

Trotz sorgfältigen Andrückens können sich Lufteinschlüsse unter der getrockneten Tapete bilden. Zur Beseitigung füllt man Kleister in eine Einmalspritze (aus der Apotheke), preßt ihn unter die Tapete und verteilt ihn durch Reiben. Nach einer Einweichzeit die Tapete andrücken.

Fensterstürze und Nischenseiten können mit Bahnenüberständen ausgeklebt werden. Die Anschlüsse dann wie an der Decke einpassen.

Streifen für Fensternischen kann man auch trocken zuschneiden und einpassen, dann einkleistern, weichen lassen und ankleben.

Die Abdeckplatten von Schaltern und Steckdosen abnehmen (Sicherung herausnehmen!) und die Tapete kreuzförmig einschneiden.

39

Glasfasergewebe: Panzer

Flure und Kinder-
zimmer brauchen
eine starke
Wandverkleidung.
Aber auch
in Wohnzimmern
passen sich die
Strukturmuster
der Glasfaser-
gewebe gut ein.

für strapazierte Wände

In Büros, Treppenhäusern und Praxisräumen schon längst üblich, setzt sich diese moderne und dekorative Wandbeschichtung auch im Wohnbereich durch.

Bootsrümpfe, Autokarosserien und viele stark beanspruchte Dinge des täglichen Gebrauchs werden heute schon aus Glasfaser hergestellt oder mit ihr als Verstärkung gefertigt. Glasfasergewebe findet aber auch als Wandverkleidung immer mehr Freunde. Es läßt sich gut verarbeiten und überstreichen, wirkt stark rißüberbrückend und wird in vielen attraktiven Mustern geliefert.

Ausgangsstoff für dieses Glasgewebe ist eine auf 1400 °C erhitzte Glasmasse, aus der sich Fasern unterschiedlicher Stärke und Länge ziehen lassen. Sie werden zu Geweben mit verschiedenen Strukturen verarbeitet. In einer Breite von 100 cm und Längen bis 16 m ist das Glasfasergewebe in Rollenform lieferbar.

Glasfasergewebe haben einen weißen Grundton, sind transparent, haben schon unverklebt Eigenstabilität und lassen sich mit Messer oder Schere schneiden.

Der Kleber wird mit einer Lammfellrolle auf die Wand aufgetragen. Die Fläche nur so groß wählen, wie von einer Bahn bedeckt wird.

Das trockne Gewebe kommt auf die feuchte Kleberschicht. Mit einer Rolle wird es ange-drückt, die Luft entweicht durch das Gewebe.

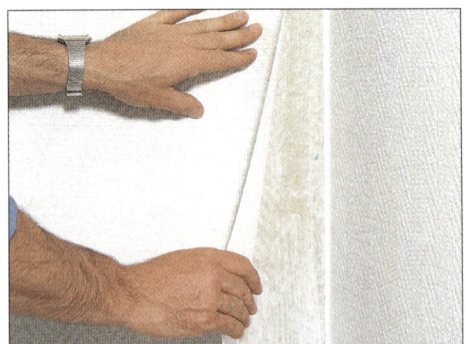

Die Bahnen werden auf Stoß geklebt. Solange der Kleber noch nicht angezogen hat, können Korrekturen vorgenommen werden.

Ein dauerhafter Wandbelag

Der Grundstoff Glas bringt einige wichtige Vorteile mit. Glasfasertapeten sind nicht brennbar, bei Hitzeentwicklung werden keine giftigen Gase frei. Glas ist feuchtigkeitsbeständig und damit auch verrottungsfest. Feine Risse in der Wand, die sich durch normale Tapeten abzeichnen würden, bleiben unter Glasfasergewebe unsichtbar. Schlechter Putz und Unebenheiten zeichnen sich aber deutlich ab. Der Wandbelag ist absolut reißfest, und der Untergrund wird durch die armierende Wirkung des Gewebes verfestigt.

Trotz seiner mechanischen Festigkeit ist der Wandbelag wasserdampfdurchlässig und hat eine feuchtigkeitsausgleichende Wirkung. Glasfasergewebe sind damit für Bad und Küche geeignet, wenn ein feuchtigkeitsregulierender Kleber und eine entsprechende Farbe zum Überstreichen verwendet werden. Von manchen Herstellern wird ein komplettes System angeboten. Es besteht aus dem Gewebe, dem Kleister und der Farbe, die es in verschiedenen Tönen gibt.

Glasfasergewebe zählt nicht zu den preiswertesten Wandbelägen. Wenn man berücksichtigt, daß eine damit beklebte Wand mehrfach übergestrichen werden kann und daß das Gewebe eine hohe mechanische Festigkeit bietet, relativiert sich der Preis.

Das Gewebe bietet einen weiteren Vorteil. Durch die panzerartige Oberfläche, die sich nach dem Aushärten des Klebers und dem Trocknen der Farbe ergibt, kann diese Wandbeschichtung als Kaschierung für eine Wärmedämmung dienen. Hartschaumplatten oder Mineralwollmatten müßten sonst aufwendig mit Gipsplatten verkleidet werden.

direkt auf die Wand gerollt.

Glasfasergewebe lassen sich leicht verarbeiten. Der große Unterschied zum normalen Tapezieren besteht in dem Kleberauftrag. Während der Kleister normalerweise auf die Tapetenrückseite gestrichen wird und die Tapete einweicht, wird der Spezialkleber für Glasfasergewebe auf die Wand aufgetragen und das Gewebe in das Kleberbett gedrückt und angerollt. Der Auftrag des Klebers erfolgt mit einer Lammfellrolle.

Zuschnitte, z. B. bei Fensternischen, Dachschrägen oder um Rohre, lassen sich vor dem Kleberauftrag aus dem trocknen Gewebe paßgenau herstellen. Nach dem Kleberauftrag können die Zuschnitte zügig in das Kleberbett gedrückt und mit der Rolle geebnet werden.

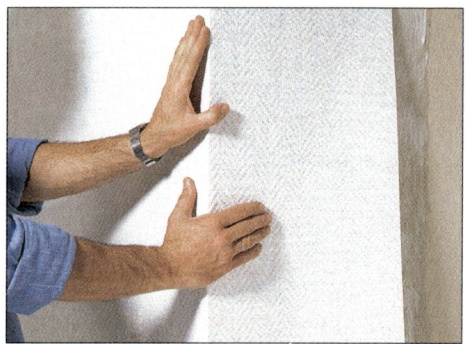

Bei Außenecken wird die Bahn breit herumgezogen. Bei Innenecken nur wenig herumkleben, lieber schneiden und neu ansetzen.

Ausschnitte können vorher mit einer Schere an der losen Bahn gemacht werden oder nach dem Verkleben mit einem Cuttermesser.

Verschiedene Gewebemuster

Glasfasergewebe gibt es in verschiedenen Mustern, die je nach Lichteinfall mehr oder weniger deutlich hervortreten. Für den reinen Wohnbereich gibt es feine Muster, die etwa der Struktur von Rauhfasertapeten entsprechen. Durch den Farbauftrag werden die Strukturen weicher.

Überstreichen kann man das Glasfasergewebe mit allen normalen Wandfarben. Durch die Struktur ist der Farbverbrauch relativ hoch.

Hier ist alle Mühe, die Wandfarbe aufzutragen, vergebens. Die alte Farbe löst sich unter dem neuen Anstrich von dem Untergrund.

richtigen Vorbereitungen

Wände streichen ist keine große Kunst, aber damit alles glattgeht und die Farbe auch auf der Wand bleibt, sind einige Vorbereitungen zu treffen.

Wenn neu geklebte Rauhfaser- oder Strukturtapeten bzw. neu geputzte Wände gestrichen werden sollen, sind kaum Vorbereitungen zu treffen. Anders ist es, wenn es sich um Renovierungsanstriche handelt. Auch wenn vorhandene Risse verschlossen, kleine Putzschäden ausgebessert und glatt verspachtelt wurden, kann es noch nicht gleich losgehen. Altanstriche direkt auf der Wand oder auf Tapeten müssen vor dem Neuanstrich auf ihre Haftfähigkeit überprüft werden. Handelt es sich nämlich um einfache Leimfarben oder billige Binderfarben, findet die neue Farbe keinen Halt. Sie löst den alten Anstrich an, der sich dann in Placken vom Untergrund löst. Den Effekt sieht man auf dem großen Foto links.

Einen schlechten Untergrund bilden Farben, die beim Überstreichen kreiden, die sich beim Betupfen mit einem nassen Finger dunkler verfärben, oder solche, die den Klebestreifentest nicht bestehen. Drückt man einen Klebestreifen (z. B. tesapack oder tesafilm) gegen die Wand und zieht ihn wieder ab, dürfen keine Farbreste am Klebefilm haften bleiben. Findet man solche Anstriche vor, gibt es zwei Möglichkeiten: Man kann die alte Farbschicht verfestigen oder abwaschen. Zum Verfestigen streicht man einen Tiefengrund auf die Wand, der in die lose Farbschicht und die oberste Putzschicht eindringt und nach dem Trocknen daraus eine feste Schicht macht.

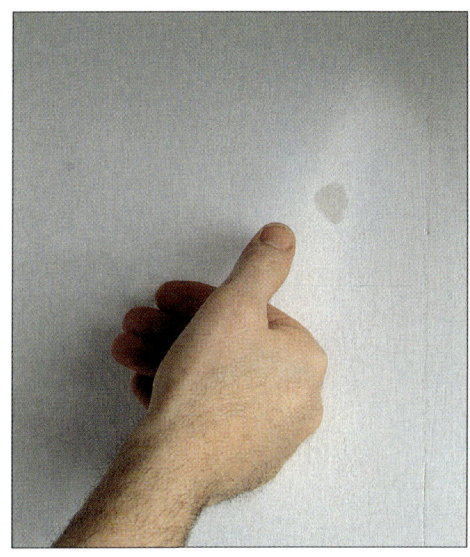

Der Daumentest. *Hinterläßt der nasse Finger auf dem Untergrund dunkle Spuren, findet ein neuer Anstrich keine Haftung und würde die alte Farbe teilweise ab- oder auflösen.*

Klebebandtest. *Drückt man einen Klebestreifen gegen die Wand und zieht ihn wieder ab, darf keine Farbe haften bleiben. Abwaschen oder Grundieren heißt hier die Lösung.*

Salpeter auf der Wand muß abgekratzt und sorgfältig mit Salpeterentferner behandelt werden. Ist die Wand dann zu uneben, muß man einen neuen Feinputz aufziehen.

Alte Anstriche machen Probleme

Tiefgrund gibt es lösemittelhaltig und wassergelöst. Aufgetragen wird er mit einem Quast oder einer dichten Lammfellrolle. Diese Methode kann auch angewendet werden, wenn es sich um einen schlechten Anstrich auf einer fest sitzenden Tapete handelt.

Die zweite Möglichkeit ist das Abwaschen der alten Farben. Mit einem Quast und viel Wasser, dem etwas Tapetenablöser oder einfaches Spülmittel zugesetzt wird, weicht man die alte Farbe auf und wäscht sie von der Wand. Bei dicken Schichten kann ein Malerspachtel zu Hilfe genommen werden. Das Ganze ist aber eine mühsame und viel Schmutz erzeugende Angelegenheit. Sorgfältiges Abdecken des

Renovierfarbe ist Isoliergrund und Farbe in einem Produkt. Zwei Anstriche mit dieser Farbe machen bei durchschlagenden Flecken einen Voranstrich mit Isoliergrund überflüssig.

Mit breitem Kreppband (tesamask) kann man die Fußleiste sauber abdecken und gleichzeitig die Abdeckfolie für den Boden fixieren. Das Band hat an beiden Kanten Klebeflächen.

Bodens sowie der Türen und Fenster ist nötig. Sich selbst schützt man am besten durch die älteste Arbeitskleidung, Kopfbedeckung und eine Schutzbrille.

Optimal vorbereitet ist eine alte Wand für einen neuen Anstrich, wenn man erst die alte Farbe entfernt und zur Sicherheit und als gute Haftbrücke einen Tiefgrund aufstreicht. Auf tapezierten Wänden ist das Abwaschen der Farbe, ohne daß die alten Tapeten entfernt werden, nicht zu empfehlen. Die alte Kleisterschicht würde aufweichen, womit die Haftung der Tapete auf der Wand verlorenginge.

Weitere Tips für Vorbereitungen stehen in dem Kapitel «So werden Wände zum Tapezieren vorbereitet» auf Seite 16.

Abdeckfolie gibt es schon mit selbstklebenden Randstreifen. Klebt man ihn exakt auf die Kante der Fußleiste, sind diese und der Boden auf eine Breite von zwei Metern abgedeckt.

Übergänge zu Türen, Fenstern, Fliesen oder anderen Bauelementen sollten vor dem Anstrich der Wände abgeklebt werden. Kreppklebeband dafür gibt es in vielen Breiten.

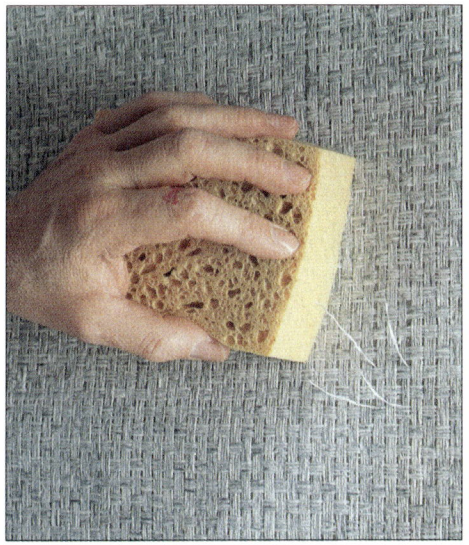

Textil- oder Grastapeten sollten vor dem Überstreichen getestet werden, ob die Faserverklebung wasserfest ist. Andernfalls würde das Wasser in der Farbe die Tapete auflösen.

Das richtige Werkzeug zum

Zum Abgrenzen einer gestrichenen Fläche kann man eine Abdeckschiene, an der man mit dem Pinsel entlangstreicht, verwenden oder die Kante mit Kreppband abkleben.

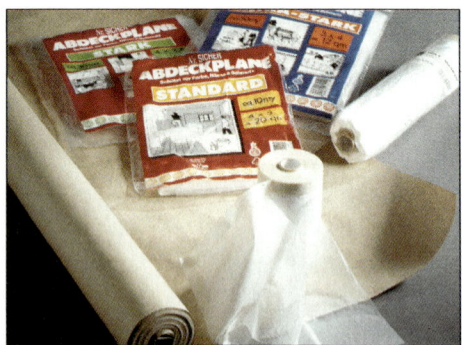

Abdeckfolien für Böden und Möbel gibt es in verschiedenen Dicken und Größen fertig abgepackt oder lose von einer großen Rolle.

Deckenbürsten und Flächenstreicher zum Verstreichen von Grundierungen und dickflüssigen Farben und zum Tapeteneinkleistern.

Decke- und Wändestreichen

Bekannte Standardgeräte und Spezialzubehör, wie es der Profi benutzt, erleichtern die Streicharbeiten. Hier steht, welche man davon haben sollte.

Wie kommt die Farbe am besten an die Wand und an die Decke? Für diesen Zweck und die dabei erforderlichen Nebenarbeiten bietet der Handel heute eine Fülle von Werkzeugen, Geräten und Zubehör an. Früher reichten ein Pinsel, um die Ecken auszumalen, und ein Quast bzw. eine Deckenbürste, um die Farben auf die großen Flächen aufzutragen. Und das ging – besonders an der Decke – nicht immer ganz einfach. Die Farben, meist selbst angerührte Leimfarben, waren dünnflüssig und landeten statt an der Decke häufig im Ärmel des Malers. Deckenbürsten mit Naturborsten waren relativ teuer, und die ersten preiswerteren Bürsten mit Kunststoffborsten hatten nur ein sehr geringes Farbspeichervermögen.

Anfang der 50er Jahre kam aus den USA ein ganz neues Anstrichgerät zu uns: der Farbroller oder, wie man heute sagt, der Streichroller. In Technik und Leistung dem Pinsel oder dem Quast bei den meisten Arbeiten weit überlegen, ist dieses Werkzeug auch aus dem Bestand eines Heimwerkers heute nicht mehr wegzudenken. Die ersten Roller waren aus echtem Lammfell, das in Streifen geschnitten spiralförmig so auf dem Rollenkern befestigt ist, daß sich ein Ansatz nicht bemerkbar macht. Neben dem echten Fell gibt es heute Imitationen, die preiswerter sind und zum Teil bessere Eigenschaften

Heizkörperpinsel benutzt man zum Ausstreichen der Ecken, zum exakten Beschneiden der Kanten und für kleine Ausbesserungsarbeiten.

besitzen als das Naturmaterial. Besonders beim Auftrag von Farbe auf unebenen und strukturierten Untergründen zeigen sich die Vorteile des Rollers. Kleine Vertiefungen werden gut mit Farbe ausgefüllt, weil sich die Rollenbeläge besser anpassen als die Borstenbündel der Deckenbürste. Der Farbauftrag ist gleichmäßiger, und die Fähigkeit, Farbe zu speichern, ist erheblich höher.

Die Roller haben verschiedene Beläge. Lammfell und Nylonplüsch werden für Leim- und Dispersionsfarben, also beim Anstrich von Wänden und Decken, eingesetzt. Roller mit Belägen aus Mohair- oder Veloursplüsch bzw. mit Schaumstoffoberfläche verwendet man zum Auftrag von Lacken. Preiswerter und zum Lackieren ebensogut geeignet sind Roller, die durchgehend aus Schaumstoff sind. Fellroller gibt es in verschiedenen Durchmessern in Breiten von 5 – 30 Zentimetern. Lackroller sind in der Regel kleiner.

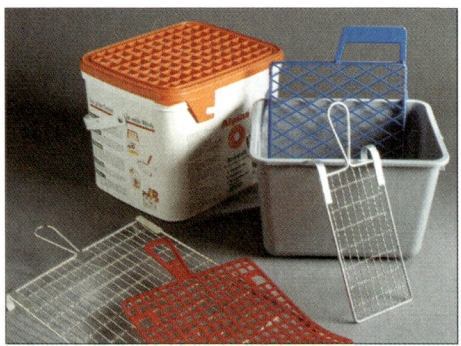

Abstreifgitter gibt es aus Metall und Kunststoff. Damit es sich nicht festklemmt, sollte es schmaler sein als die Bodenbreite des Eimers.

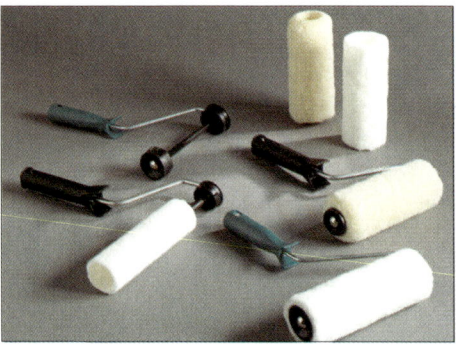

Farbroller für Wand- und Deckenanstriche in verschiedenen Größen. Es gibt Modelle mit festen und mit auswechselbaren Rollen.

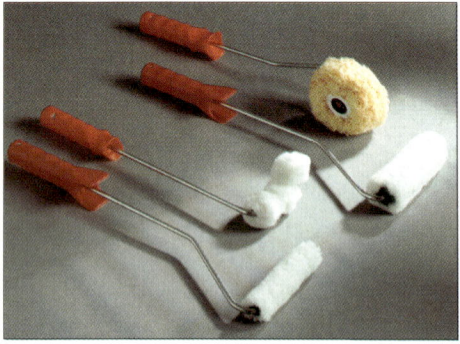

Spezialroller für Innenecken, für Außenrundungen oder dicke Rohre und kleine Roller mit langem Stiel für unzugängliche Stellen.

Je breiter, desto schwerer

Die Größe der Rolle richtet sich nach der Größe und der Zugänglichkeit der zu streichenden Fläche und nach der eigenen Muskelkraft. Eine 30-cm-Rolle mit Farbe getränkt zur Decke zu stemmen erfordert schon einen hohen Kraftaufwand. Für unzugängliche Stellen, z. B. hinter Heizkörpern, gibt es Rollen mit geringem Durchmesser und langem Stiel, die die Bezeichnung Heizkörperrolle tragen. Will man hohe Wände oder gar Decken ohne den Einsatz einer Leiter streichen, kann man den Stiel einer normalen Rolle durch einen Besenstiel oder einen speziellen, verstellbaren Teleskopstab verlängern. Dafür sind die Griffe der Farbroller mit einem Innengewinde versehen. Das Arbeiten mit einem verlängerten Roller erfordert allerdings etwas Übung.
Um feste Farbe aufzunehmen, geht man mit dem Roller direkt auf die Farboberfläche und tränkt das Lammfell durch mehrfaches Hin- und Herrollen. Verarbeitet man flüssige oder cremige Farbe, stellt oder hängt man ein Abstreifgitter in den Farbeimer. Die Rolle eintauchen und dann durch Rollbewegungen auf dem Gitter gleichmäßig im Rollenbelag verteilen. Gitter gibt es für jede Eimergrößer passend aus verzinktem Metall oder aus bruchfestem Kunststoff.
Gereinigt werden Farbroller mit viel Wasser, am besten unter einem laufenden Strahl. Nach dem Auswaschen das Wasser ausschleudern und den Roller zum Trocknen aufhängen. Für kurze Arbeitsunterbrechungen tränkt man den Roller mit viel Farbe und wickelt ihn dann luftdicht in eine Folie ein.
Lackroller, mit denen lösemittelhaltige Farben verarbeitet wurden, müßten mit

optimal gestrichen.

viel Verdünnung ausgewaschen werden. Das Mittel ist aber meist teurer als eine neue Ersatzrolle, der Griff läßt sich immer wieder verwenden. Für Spezialeinsätze wie Innen- und Außenrundungen oder Innenecken gibt es besonders geformte Roller.

Beim Streichen von Decke und Wänden werden Pinsel eigentlich nur zum Ausmalen der Ecken benötigt. Dafür sind die langstieligen, abgewinkelten Heizkörperpinsel gut geeignet. Man setzt Pinsel aber auch zum Beschneiden ein. So nennt der Fachmann das scharfe Begrenzen einer Farbfläche. Das kann der Übergang zur Decke sein, der Stoß gegen eine Türbekleidung oder die Trennung von zwei unterschiedlichen Farbtönen. Für einen einwandfreien Beschnitt braucht man eine ruhige Hand oder ein Spezialwerkzeug wie Farbkissen. Das sind großflächige, dünne Schwämme, die mit einer kurzflorigen Mohairschicht bedeckt sind. Sie werden ganz wenig in die Farbe eingetaucht und langsam flach über die zu streichende Fläche geführt. Das Ergebnis ist eine satte Farbfläche mit einer scharf konturierten Kante. Mit kleinen Farbkissen lassen sich z. B. Fenster streichen und die Übergänge zu den Scheiben exakt beschneiden.

Zum Beschneiden von Kanten bei Wand- und Deckenanstrichen gibt es einen speziellen Farbroller. Er besitzt eine seitlich angebrachte Blechlasche, die sich zum Aufnehmen der Farbe hochklappen läßt. Beim Ausrollen der Farbe auf der Wand wird die Lasche heruntergeklappt und begrenzt damit die beim Rollen eingefärbte Fläche durch eine scharf geschnittene Kante. Dieser Roller eignet sich auch für den abgesetzten Übergang Wand/Decke.

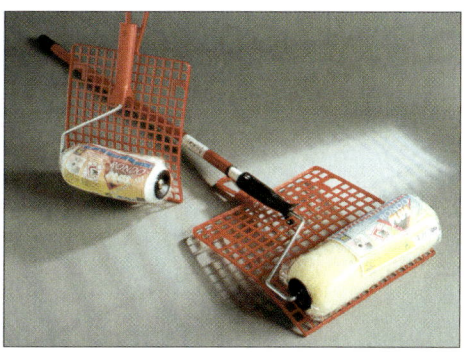

Als Set kann man Farbroller mit passendem Abstreichgitter kaufen. Die Rollen sind meist so billig, daß das Auswaschen kaum lohnt.

Farbkissen sind besonders gut zum Beschneiden geeignet. Die kurzen Mohairborsten dürfen nur millimetertief eingetaucht werden.

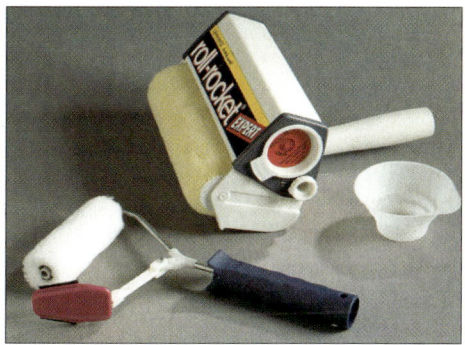

Streichroller mit angebautem Farbbehälter. Der Inhalt reicht für mehrere qm. Davor eine Beschneiderolle mit klappbarem Seitenblech.

Die große Auswahl: Farben

Welche Farbe wofür? Die Reihen der Farbregale in den Geschäften sind lang. Lesen Sie hier, was die vielen Eimer enthalten.

Feste Farbe: Diese Farbe besitzt eine feste Konsistenz. Sie wird gleich in der Streichwanne geliefert und deckt dank reichhaltiger Pigmentierung hervorragend. Das Angenehmste an dieser Farbe: Man kann sie verarbeiten, ohne daß es dabei spritzt oder tropft. Das macht sie besonders für Renovierungsanstriche interessant, denn auf großflächige Abdeckung von Möbeln und Fußboden kann man meist verzichten.

Biofarbe: eine gut deckende, reinweiße Dispersionsfarbe aus Naturharzen für den Innenanstrich. Sie eignet sich für alle Untergründe wie Putz, Beton, Mauerwerk, Gipskarton oder Tapeten. Der Untergrund muß trocken und fettfrei sein. Die Farbe ist dampfdurchlässig, was den Untergrund atmen läßt und die Oberfläche nicht absperrt. Die Deckfähigkeit ist nicht sehr hoch. Soll die Fläche strahlend weiß werden, sind zwei Anstriche notwendig.

Volltonkonzentrat: Diese hochkonzentrierte Abtönpaste ist mit besonders vielen Farbpigmenten versehen. Man verwendet sie zum Abtönen von Leim-, Dispersions- und Latexfarben. Gleichzeitig ist mit ihr das Abtönen von lösemittelhaltigen Farben wie Kunstharz- oder Nitrolacken und Ölfarben möglich. Das Konzentrat wird in den üblichen Grundfarben geliefert, aber wegen der hohen Färbkraft nur in 100-g-Gebinden.

Latexfarbe: eine cremige, reinweiße Farbe für Innen- und Außenanstriche. Sie vergilbt nicht und bleibt elastisch. Latex war ursprünglich eine Emulsion aus Naturkautschuk, wird heute jedoch synthetisch hergestellt. Die Farbe ist scheuerbeständig, ihre Oberfläche zeigt nach dem Trocknen einen schönen Glanz und ist leicht zu reinigen. Deshalb wird Latex gern in Räumen eingesetzt, in denen die Wände besonderen Beanspruchungen ausgesetzt sind, z. B. Küchen,

für Wand und Decke

Kinderzimmern oder in Treppenhäusern. Die Farbe kann mit dem Pinsel oder mit einer Rolle aufgetragen werden und haftet gut auf allen Untergründen. Sie wirkt besonders schön auf Glasfasergewebe.

Volltonfarbe: Sie wird streichfähig in 250-ml- oder 750-ml-Tuben angeboten und kann direkt verarbeitet oder zum Abtönen verwendet werden. Man darf sie aber nur wassergelösten Farben zusetzen. Sie ist für Innen- und Außenanstriche geeignet, denn sie ist wetter- und scheuerbeständig. Trotz des hohen Pigmentanteils enthält die Farbe keine umweltbelastenden Stoffe. Eingetrocknete Farben dürfen in den Hausmüll.

Wischfeste Dispersion: Wischfeste Dispersionsfarbe ist ausreichend für Wandanstriche, die wenig Beanspruchung ausgesetzt werden, z. B. in Garagen, Kellerräumen oder auch als Deckenanstrich in Wohnräumen. Die Deckfähigkeit ist nicht sehr hoch, deshalb sind meist

zwei Anstriche nötig. Die preiswerte Farbe ist wischfest, kann aber durch Abwaschen mit einem Quast wieder entfernt werden.

Leimfarbe: Diese Farbe stellt man meist selber her. Sie wird in Pulverform angeboten und mit Wasser angerührt. Der Anstrich mit dieser aus natürlichen Rohstoffen hergestellten Farbe ist umweltfreundlich, hoch atmungsaktiv und preiswert herzustellen. Die Deckkraft ist nicht besonders hoch, und wenn man mit einem dunklen Kleidungsstück an einer mit Leimfarbe gestrichenen Wand entlangstreift, bleibt ein leichter weißer Schleier auf dem Stoff zurück.

Waschfeste Dispersion: Das ist die Farbe für Wand und Deckenanstriche mit hohem Standard. Sie ist hoch deckend, diffusionsfähig, reflexionsfrei und leicht mit Pinsel, Rolle oder Spritzpistole zu verarbeiten. Auf Rauhfaser- oder Strukturtapeten reicht meist ein Anstrich. Die Farbe ist für alle Untergründe einschl. Holz geeignet.

Die Konsistenz bestimmt auch ihre Ergiebigkeit. Mit fester Farbe (links) kommt man am weitesten, es folgen Cremefarbe und flüssige.

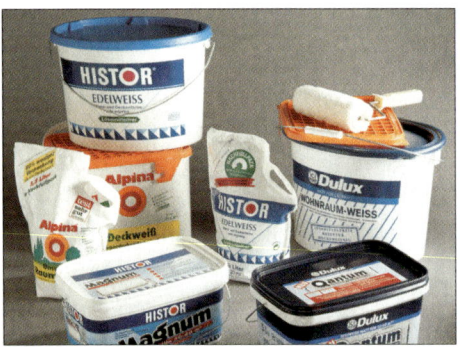

Die Gebinde der Farben sind so geformt, daß die Rolle zum Aufnehmen der Farbe hineinpaßt. Nachfüllpackungen gießt man um.

Feste und Cremefarben lassen sich nicht selbst abtönen. Deswegen gibt es sie fertig gemischt in verschiedenen Pastelltönen.

Problemlose Verarbeitung

Wandfarben werden heute fast nur noch in gebrauchsfähiger Form angeboten. Leimfarben, die man selbst anrühren muß, spielen kaum noch eine Rolle. Sie sind zwar preiswert, haben aber wegen ihrer schlechten Deckkraft und der geringen Wischfestigkeit kaum eine Chance gegen die Fertigfarben. Bei denen hat sich im Laufe der letzten Jahre relativ viel verändert. Die Farben sind in den meisten Fällen vollkommen lösemittelfrei, sie decken besser und tropfen beim Verarbeiten wesentlich weniger, als man es früher gewohnt war.

Die gute Deckkraft ist auf einen hohen Anteil an Farbpigmenten zurückzuführen, die sich auch in der Konsistenz der Farben bemerkbar macht. Sie sind heute dickflüssiger als früher. Das trifft auf die flüssigen Standardfarben zu, im besonderen aber auf die cremeförmigen Konzentrate. Diese sind wesentlich ergiebiger als Flüssigfarben, aber auch entsprechend teurer. Mit einem 10-l-Eimer Standardfarbe schafft man ca. 70 qm Fläche zu streichen bei Cremefarbe reicht ein-5 l-Gebinde für ca. 50 qm. Der Verbrauch an Farbe ist sehr vom Zustand der zu streichenden Fläche abhängig. Stark saugende Untergründe brauchen mehr Farbe, abgesperrte weniger. Glatte Flächen brauchen wiederum weniger als strukturierte Flächen wie Rauhfaser- oder Prägetapeten. Den höchsten Farbbedarf haben grobeTextiltapeten, die übergestrichen werden.

Bei fester Farbe ist der Pigmentanteil noch höher als bei cremiger. Sie hat eine puddingartige Konsistenz, tropft nicht und spritzt beim Rollen kaum. Sie ist noch teurer als Cremefarbe, dafür aber noch ergiebiger. Mit einem 2,5-l-Gebinde

und trotzdem umweltfreundlich.

schafft man bis zu 30 qm Fläche.
Durch ihren geringen Wasseranteil eignet
sich feste Farbe besonders zum Überstreichen von dünnen Tapeten, weil von ihr die
Kleisterschicht unter der Tapete kaum
angelöst werden kann.

Cremefarbe und und feste Farbe lassen
sich wegen ihrer Konsistenz nicht mit
Abtönfarben einfärben. Deswegen sind
diese Farben neben weiß auch in mehreren
Pastelltönen zu haben.

*Flüssige Farben lassen sich mit Abtönpasten
oder Volltonfarben einfärben. Das Abtönen
nach Farbkarte übernimmt der Händler.*

Flüssige Farbe kauft man in Kunststoffei-
mern, die auch schon bei kleineren Gebinden so rechteckig oder oval geformt sind,
daß man mit einer normal breiten Rolle
direkt aus dem Eimer streichen kann.
Gebindegrößen gibt es von tragbaren 5 l
bis zu Rieseneimern mit 25 l Inhalt. Nachfüllpackungen gibt es in Weichplastik-
verpackung mit 2,5 l Inhalt. Das spart
Plastikeimern gegenüber bis zu 80 %
Verpackungsmüll.

Um auch die Cremefarben direkt aus dem
Gebinde verarbeiten zu können, werden
sie in flachen, rechteckigen Eimern mit 5 l
Inhalt angeboten.

*Die Deckkraft der Farbe ist meist vom Preis
abhängig. Ein Vergleich: billige Leimfarbe
(links) und hochwertige feste Farbe (rechts).*

In flachen Farbwannen, aus denen man
die Farbe auch direkt mit der Rolle auf-
nimmt, gibt es die feste Farbe. Mit einem
Inhalt von 2,5 kg sind diese Gebinde so
leicht und handlich, daß man sie in der
Hand halten oder auf der obersten Leiter-
stufe abstellen kann.

Wandfarben sind nur begrenzt lagerfähig
und sollten deshalb bald verbraucht
werden. Alle normalen Wandfarben sind
umweltfreundlich und dürfen als trockne
Farbreste dem Hausmüll beigegeben
werden. Die leeren Verpackungen haben
einen grünen Punkt und kommen als
Kunststoffmüll in den gelben Sack.

*Nachfüllpackungen sind müllsparender als
feste Eimer. Die Farbe wird zum Aufnehmen
mit der Rolle in den Eimer umgeschüttet.*

kommt Farbe auf die Wand

**Ob Renovierungsanstrich,
also Farbe auf Farbe,
oder Erstanstrich auf neuer
Rauhfaser- bzw. Struktur-
tapete, die Technik ist
in beiden Fällen die gleiche.**

Moderne Wandfarben, die kaum noch
kleckern und tropfen, machen das Streichen von Wänden und Decken einfach.
Aber im dunklen Anzug die Wände zu
streichen, wie es die Werbung der Farben-
hersteller verspricht, ist wohl doch nicht
zu empfehlen. Und wer mit herkömmlichen Farben arbeitet, kommt um das
sorgfältige Abdecken von Möbeln und
Boden nicht herum, denn die winzigen
Spritzer, die von der rotierenden Farbrolle
geschleudert werden, verteilen sich gleichmäßig im Raum.
Möbel sollten von den Wänden gerückt
und – wenn möglich – außerhalb des
Raums abgestellt werden. Geht das nicht,
schiebt man sie zu einem Block zusammen
und deckt sie mit einer Malerfolie ab.
Wird der Boden mit Folie abgedeckt,
dürfen die Bahnen nicht übereinander-
liegen, beim Betreten rutschen sie aufeinander und sind eine große Gefahrenquelle.
Die Folienränder werden mit Kreppband
auf die Fußleisten geklebt, damit diese
auch gleich abgedeckt sind. Mit Kreppband oder besonderem Malerabdeckband
kann man auch die Übergänge zu Türrahmen abkleben, wenn man sich das exakte
Abgrenzen der Farbränder mit freihändig
geführtem Pinsel ersparen will. Zum
Beschneiden, wie der Fachmann diesen
Vorgang nennt, gibt es spezielle Pinsel und
Rollen, die durch ein seitlich angebrachtes
Blech mit Borstenkante eine saubere
Begrenzung hinterlassen.

*Je breiter die Lammfellrolle,
desto schneller ist die
Arbeit getan. Breite Rollen
nehmen aber auch viel
Farbe auf und sind entsprechend schwer zu führen.*

Eckenrollen sind so geformt, daß sie auf beiden Seiten einen schmalen Streifen einfärben. Die Ränder sollten weich ausgerollt werden.

Heizkörperpinsel sind im Borstenbereich leicht abgewinkelt. Deswegen sind sie besonders geeignet, die Raumecken auszumalen.

Streichkissen mit Führungsrollen sind gut geeignet, scharfkantige Begrenzungen an Fußleisten und Türrahmen zu erzeugen.

Erst die Decke, dann die Wände

Die Decke wird immer zuerst gestrichen. Man teilt sie dazu grob in Abschnitte bzw. breite Streifen auf, deren Ränder nicht als glatte Linie, sondern als weich ausgerollte Farbfläche bleiben sollen. Wird der nächste Streifen bearbeitet, gibt es dann fließende Übergänge und keine scharfen Konturen zwischen schon etwas angetrockneter und frischer Farbe. Erhalten Decke und und Wände den gleichen Farbton, werden zuerst die Übergänge zwischen Wand und Decke mit dem Pinsel ausgemalt, bevor man die Flächen rollt. Ist die Decke fertig, werden die senkrechten Raumecken ebenfalls ausgemalt. Auch die Wände werden gedanklich in senkrechte Streifen von ca. 1 m Breite aufgeteilt und von oben nach unten gerollt, auch hier wieder mit fließenden Übergängen zum Nachbarstreifen. Mit der farbgetränkten Rolle, die am Abstreifgitter im Farbeimer abgerollt wird, beginnt man mit einer senkrechten Farbbahn. Die Farbe durch Querrollen vertreiben, dann diagonal verschlichten und zuletzt senkrecht fein verschlichten. Am Deckenanschluß und über der Fußleiste wird quer verschlichtet.

Ist der Streifen fertig, geht es daneben wieder von oben nach unten weiter. Am wenigsten werden Übergänge sichtbar, wenn man naß in naß rollt. Die oberen Teile kann man mit Hilfe einer Leiter erreichen, oder man setzt in den Griff der Rolle eine Verlängerung. Das Arbeiten damit erfordert etwas Übung, kann aber bei einigem Geschick auch zum Rollen nicht allzu hoher Decken angewendet werden. Um hinter Heizkörpern und Einbauten zu streichen, gibt es langstielige Rollen mit geringem Durchmesser.

ein einziger Anstrich.

Begrenzungsrollen erfüllen den gleichen Zweck wie die Streichkissen. Beim Eintauchen in die Farbe wird das Blech hochgeklappt.

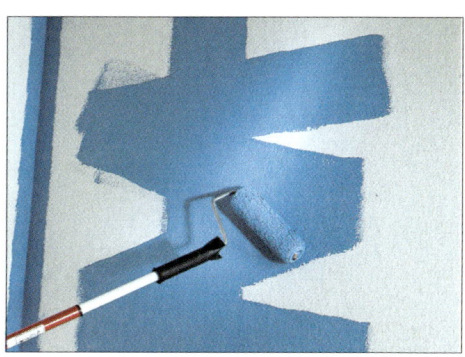

Streifenweise wird die Wand gerollt. Zuerst die Farbe senkrecht auftragen, quer und diagonal verteilen und senkrecht verschlichten.

Gleichmäßig decken muß der Anstrich. Bei starkem Kontrast zwischen Grund und Anstrich muß ggf. ein zweiter Anstrich erfolgen.

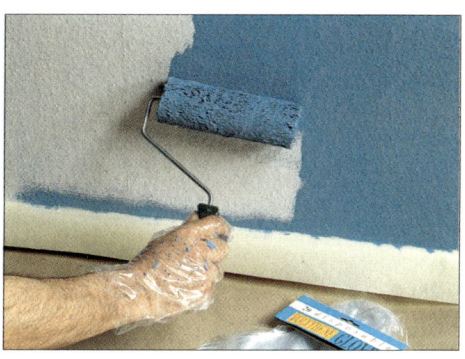

Farbspritzer, die von der Rolle geschleudert werden, treffen als erstes die Hand. Einweghandschuhe bieten dagegen Schutz.

Abdeckband sollte entfernt werden, bevor die Farbe richtig fest ist. Ist die Farbe trocken, kann sie sonst in größeren Placken abreißen.

Bei großen Flächen streicht man direkt aus dem Farbeimer. Wird nur eine kleine Fläche gestrichen, benutzt man eine Farbwanne.

Mit Hilfe der hier beschriebenen Techniken ist diese schöne Wandbemalung in einer Diele entstanden.

Maltechniken neu entdeckt

Trotz Riesenauswahl an Tapeten, es gibt immer noch Leute, die etwas ganz Individuelles suchen. Mit den hier gezeigten Techniken gelingen Muster, die kein anderer hat.

Tapetenmuster, -arten und -farben gibt es in großer Auswahl. Berge von Musterbüchern der unterschiedlichen Hersteller, die man in Tapetenfachgeschäften findet, geben Zeugnis davon. Jedes Jahr kommen neue Kollektionen für alle Geschmacksrichtungen dazu. Und wenn man die Kombinationsmöglichkeiten zwischen den verschiedenen Tapeten und Bordüren hinzurechnet, wird die Auswahl noch größer.

Wer aber seinen Räumen eine ganz besondere Note geben will und Wanddekorationen haben möchte, die man in keinem Tapetenmusterbuch findet, muß selbst kreativ werden. Alte Maltechniken, mit denen unsere Vorfahren ihre Wände dekoriert haben, sind wieder modern. Wurden diese Techniken früher angewendet, weil Tapeten für die meisten viel zu teuer waren, steht heute die Individualität im Vordergrund. Moderne Hilfsmittel wie selbstklebende Abdeckbänder (tesakrepp) oder Cuttermesser zum Schneiden von Schablonen und eine große Auswahl an Farben machen diese Arbeit heute viel leichter als früher.

Drei Techniken werden hier näher erklärt: die Schwammtechnik, bei der durch Wischen und Tupfen mit Schwämmen besondere Effekte erzielt werden, die Schabloniertechik, mit deren Hilfe neue Muster entstehen können, und die nicht minder vielseitige Sprenkeltechnik.

Klebeband, in diesem Fall 5 cm breit, wird in 5 cm Abstand aufgeklebt, die Zwischenräume werden mit dem Schwamm grün gewischt.

In dunklem Grün wird das getrocknete helle Grün übergetupft. Dazu wenig Farbe auf einen Teller geben, den Schwamm eintauchen.

Die Schwammtechnik

Die Technik des Schwammwischens und -tupfens ist die einfachste Art der individuellen Wandverschönerung. In Verbindung mit dem partiellen Abkleben entstehen besonders reizvolle Muster. Mit dem Band, das es in unterschiedlichen Breiten zu kaufen gibt, werden Partien abgedeckt, und die frei bleibenden Flächen kann man dann betupfen oder die Farbe durch Wischen auftragen. Zunächst muß aber die Wand, die mit Rauhfaser- oder Strukturtapete beklebt ist, mit einer hellen Grundfarbe gestrichen werden. Die dann mit dem Schwamm aufgetragenen Farben können Volltonfarben sein, die den Untergrund an den betupften Stellen voll abdecken, oder man verdünnt die Farben mit Wasser. Dann entsteht ein lasierender Effekt, der den Untergrund durchscheinen läßt. Wie man durch mehrere wechselnde Arbeitsgänge – Abkleben, Entfernen, Betupfen – und die Wahl der richtigen Farbtöne zu einer besonders schönen Wandgestaltung kommen kann, zeigt das Foto auf den vorangehenden Seiten.

Vorsichtig den Klebestreifen entfernen und auf die getupften Streifen kleben. Die Streifen nur leicht auf die Farbe drücken

Die weißen Flächen in gleicher Technik, aber mit dunkler angemischten Farben bearbeiten. Nach dem Trocknen Streifen abziehen.

Das Schablonieren

Früher wurden Schablonen zum Herstellen von farbigen Ornamenten und Mustern aus gewachstem Karton, aus Bleifolie oder aus Messingblech hergestellt. In Malerfachgeschäften bekommt man heute fertig ausgeschnittene Schablonen aus beschichteter Pappe oder aus Kunststoff. Es gibt auch gedruckte Vorlagen, nach denen man sich die Schablonen selber herstellen kann. Dazu braucht man dickes Papier oder eine steife Kunststoffolie. Das Motiv, von einer Vorlage kopiert oder selbst entworfen, wird aufgezeichnet und mit einem scharfen Messer ausgeschnitten. Dabei kann man Einzelmotive ausschneiden oder gleich mehrere nebeneinandersetzen. Das garantiert gleiche Abstände, denn das erste Motiv kann über das letzte fertige gelegt werden.

Die zum Schablonieren verwendete Farbe muß dickflüssig sein, damit sie nicht hinter die Schablone läuft. Der Pinsel wird nur millimetertief eingetaucht, auf einem Schwamm abgetupft und dann mit Hilfe der Schablone auf den Untergrund getupft.

*Die Schablone an die Wand halten und mit dem stumpfen, fast trocknen Pinsel das ausgeschnittene Feld betupfen, **nicht malen**!*

Farbwolken in zarten Tönen werden mit dem Schwamm hergestellt. Verdünnte Farbe verwenden und mit nur wenig Druck wischen.

Schablonen aus einfacher Pappe werden wasserfest, wenn man sie mit Lack übersprüht. So kann die Pappe sich beim Betupfen nicht auflösen.

Bei der Sprenkeltechnik (s. nächste Seite) erzeugt man winzige Farbkleckse, indem man den Pinsel gegen eine Holzleiste schlägt.

Die Techniken lassen sich gut kombinieren.

Mehrfaches Übereinandertupfen mit unterschiedlichen Farben ergibt ein lebhaftes Bild. Die Farbsättigung bestimmt man selbst.

Streifen erfordern mehr Arbeitsaufwand, sind in der Wirkung aber reizvoller. Die verwendeten Farbtöne sollten gut zueinander passen.

Feine Muster ergeben sich, wenn die beim Sprenkeln verwendeten Farben dünnflüssig sind und ein größerer Abstand gewählt wird.

Die Sprenkeltechnik

Bei dieser Technik darf die Farbe dünnflüssig sein, denn sie soll in kleinen Klecksen auf den Untergrund spritzen. Der farbgetränkte Pinsel wird dazu mit seinem Stiel gegen einen quer gehaltenen Stab geklopft, so daß die Farbe von den Borten auf den Untergrund spritzt. Dabei lassen sich – bei ständiger Kontrolle der Fleckendichte – sowohl geordnete Formen wie willkürlich erscheinende Effekte erzielen. Sollen die Spritzer gleich groß sein, muß mit gleicher Energie im selben Abstand geklopft werden. Kleine Flächen lassen sich gezielter bearbeiten, wenn man mit dem Finger auf den Pinselstiel klopft. Wichtig für die Wirkung dieser Technik sind neben der Größe und der Dichte der Farbspritzer natürlich auch die verwendeten Farbtöne. Die eingesetzte Farbart, ob Dispersionsfarbe, Latex oder eine Lacksorte gewählt wird, spielt keine Rolle. Die schönsten Muster und dekorativsten Wirkungen werden erzielt, wenn man die drei hier gezeigten Techniken miteinander kombiniert.

Die Wirkung vorher testen

Die hier gezeigten Techniken sind relativ leicht nachzuvollziehen. Trotzdem braucht man dazu etwas Übung. Die Wirkung der einzelnen Arbeitsschritte sollte man vorher testen. Das geht am besten auf einem Wandstück, welches später flächig übergestrichen werden soll, oder auf einer Tapete, die ohnehin entfernt wird. Zur Not reicht als Übungsfläche ein Bogen helles Papier, der an die Wand geheftet wird.

ERFURT

Rauhfaser 52
grob weiß
Die Malermeister-Qualität

»Heut' treibe ich's mal bunt!«

Eintönig ist das Leben oft genug. Da kann ich mit meiner **ERFURT**-Rauhfaser mal **richtig Farbe** bekennen. Mit meinen Ideen und der **ERFURT**-Rauhfaser ist Renovieren **ganz einfach**.

In vielen älteren Häusern und in den großen Wohnungen der Mehrfamilienhäuser aus dem ersten Drittel unseres Jahrhunderts findet man häufig Decken mit Stuckornamenten. Eine stilvolle Renovierung lohnt sich in jedem Fall.

renovieren oder erneuern

Dieser alte Deckenschmuck führt oft ein vergessenes Dasein unter unzähligen Farbschichten. Mit etwas Mühe läßt er sich zu neuer Schönheit erwecken.

Dick übermalt, manchmal hinter Tapeten oder Holzverkleidungen versteckt und vergessen, braucht Stuck eine sorgfältige Grundreinigung, um wieder im alten Glanz zu strahlen.

Dazu müssen zuerst alle alten Tapeten und Farbreste runter. Versucht man es mit Kratzen, werden dabei meist die Verzierungen aus Gips beschädigt. Einfacher geht es mit Druckluft. Die Stuckoberfläche wird dafür gut gewässert, damit die alten Leimfarben aufweichen. Mit einer Druckluftpistole, die an einen Kompressor (im Werkzeugverleih mieten) angeschlossen wird, bläst man dann die weiche Farbe aus Ritzen und Vertiefungen, ohne Schäden zu verursachen. Das geht aber nur, wenn rundum alles abgedeckt ist oder ohnehin eine Generalrenovierung des Zimmers vorgenommen wird. Weist der Stuck Schäden auf, kann man diese mit Gips oder Füllspachtel ausbessern und nachmodellieren. Gestrichen wird die gereinigte Verzierung mit normaler Wandfarbe, die mit einem Pinsel bis in die Vertiefungen gebracht wird. Soll Stuck neu angebracht werden, gibt es dafür Fertigteile aus Alabastergips oder sehr echt wirkende Imitationen aus Hartschaum.

Die alten Farben einweichen und dann mit Druckluft wegblasen. Risse und Schäden mit Füllspachtel ausbessen. Dann gegen die Decke farblich abgesetzt überstreichen.

Stuckfertigteile aus Gips oder kaum davon zu unterscheidende Teile aus Hartschaum gibt es in Baumärkten und im Handel für Malerbedarf. Die Teile werden angeklebt.

*Lacke, Lasuren und Holz-
wachse in leuchtenden
Farben, die für Anstriche
von Spielzeugen, Möbeln
und Wänden im Kinder-
zimmer geeignet sind.*

Farben: trotzdem ohne Gift

Bunt gleich giftig, das war früher die Regel bei Anstrichen mit farbigen Lacken. Viele moderne Farben können heute bedenkenlos auch ins Kinderzimmer.

Bei der Herstellung von Kinderspielzeug dürfen keine Farben verwendet werden, die zu gesundheitlichen Bedenken Anlaß geben. Das steht in einer DIN-Vorschrift, die für Hersteller schon seit langem als verbindlich gilt. Weil man weiß, daß Kleinkinder ihr Spielzeug – dazu gehören z. B. auch Bilderbücher – oft in den Mund nehmen, hat ein solches Verbot natürlich seinen Sinn. Zumal Speichel eine relativ aggressive Flüssigkeit ist, die den Lack schon nach kurzer Zeit ziemlich alt aussehen läßt. Wenn man die Wände eines Kinderzimmers streicht, muß man zwar nicht damit rechnen, daß Kinder die Wände ablecken, aber weiße Dispersionsfarben gibt es schon seit längerem vollkommen lösemittel- und emissionsfrei. Buntfarben enthalten so geringe Mengen Lösemittel und Farbpigmente, daß man diesen Aspekt vernachlässigen kann. Auf die unbedenkliche Zusammensetzung der Anstrichmittel muß jedoch geachtet werden, wenn Spielzeuge oder auch Möbel für das Kinderzimmer selbst gebaut und angestrichen oder renoviert werden. Besonders mit kleinen Spielzeugen wird sehr intensiv gespielt, und dabei darf weder Speichel noch Handschweiß die Farben angreifen oder anlösen. Es geht dabei nicht nur um Lösemittel in den Farben, die bei den betreffenden Farben ohnehin durch Wasser ersetzt sind, sondern auch um die Inhaltsstoffe: die Farbpigmente, die Füllstoffe und die Duftmittel.

Sprühlack ohne schädigende Treibmittel und ohne Bestandteile, die Kinder gefährden könnten, sind besonders gut geeignet, um stark strukturierte Oberflächen zu lackieren.

Die Unbedenklichkeit ist in einer Norm festgeschrieben

Einige Hersteller von Anstrichmitteln, die ohnehin schon auf die Umweltverträglichkeit ihrer Produkte achten, haben sich inzwischen der DIN 53160 verpflichtet, die eigentlich für fertige Spielzeuge gilt. Sie erklären für bestimmte Produkte, daß sie speichel- und schweißecht sind. Das entsprechend strenge Prüfverfahren muß ergeben haben, daß diese Farben keinerlei giftige oder auch nur bedenkliche Substanzen abgeben. Das gilt aber nur für die fertigen Anstriche im getrockneten und durchgehärteten Zustand, nicht für das Anstrichmittel selber. Die sind nach wie vor von Kinderhänden fernzuhalten. Verantwortungsvolle Eltern können somit für alle selbstgefertigten und dann lasierten oder lackierten Spielsachen und Möbel sowie für die Wandgestaltung im Kinderzimmer auf Farben zurückgreifen, von denen keine gesundheitlichen Risiken ausgehen – auch wenn Kleinkinder an ihnen lutschen oder sie mit schweißigen Händchen begreifen sollten. Zeugnis dafür sind die Stellen an Spielzeugen, an den wieder das blanke Holz zu sehen ist.

Lacke und Farben machen es möglich.

Selbstgebasteltes Spielzeug muß speichel- und schweißfest behandelt sein. Produkte nach DIN 53160 sind eine Garantie dafür.

Auf der Dose stehen Hinweise

Die dieser DIN 53160 entsprechenden Anstrichmittel sind in aller Regel auf dem Gebinde mit entsprechenden Hinweisen versehen. Wird eine Lasur oder eine Lack für eine solches Vorhaben in die engere Wahl gezogen, auf dem ein Hinweis fehlt, kann das Verkaufspersonal Auskunft geben. Die Hersteller von Anstrichmitteln liefern zu ihren Produkten technische Merkblätter, die über die Zusammensetzung und die Einsatzgebiete Auskunft geben. Im Zweifelsfall kann man sich Blätter direkt vom Hersteller besorgen.

Spielen und Wohnen ohne Risiken für die Gesundheit: das ist sein gutes Recht. Verantwortungsvolle Eltern machen es möglich.

schützen und verschönern

Ob Holz, Metall oder andere Werkstoffe: Die meisten Oberflächen der daraus entstandenen Gegenstände werden mit Lacken oder Lasuren behandelt.

Lackierungen in leuchtenden Farben oder als farbloser Anstrich verschönern nicht nur, sie machen die Oberfläche schmutzunempfindlich und griffsympathisch.

Die meisten Möbel, Spielsachen oder Gebrauchsgegenstände, die aus Holz oder Holzwerkstoffen gefertigt werden, brauchen eine Oberflächenbehandlung. Rohe Holzflächen verschmutzen sehr leicht durch den Staub in der Luft, durch Anfassen oder durch die Berührung mit anderen Gegenständen. In ungeschütztes Holz kann Feuchtigkeit eindringen und Verformungen durch Quellen oder Schwinden hervorrufen. Klemmende Türen an Schränken, knarrende Treppenstufen oder Risse in Massivholz sind die Folge. Unbehandelte Metalle können korrodieren, dadurch unansehnlich werden und sogar an Stabilität verlieren. Alle diese Nachteile lassen sich vermeiden, wenn das Material durch Anstriche geschützt wird.

Die Hochglanzlackierung sieht gut aus und ist widerstandsfähig gegen Reinigungsmittel. Sie macht die Regalböden pflegeleicht.

73

Selbstgebaute Möbel erhalten durch eine perfekte Lackierung in selbst bestimmten Farbtönen den letzten Schliff und eine besondere persönliche Note.

Farben verändern den Ausdruck

Farbige Anstriche an Möbeln oder Einrichtungsgegenständen können betonen, Akzente setzen oder Dinge in den Hintergrund drängen. Kombinationen verschiedener Farbtöne oder Gegensätze zwischen farblos lackiertem Naturholz und Buntlacken können reizvolle Kontraste bilden. Außerdem sind Anstriche nicht endgültig. Gefällt ein Farbton nicht mehr, kann man ihn umstreichen oder Farbkombinationen ändern und damit einem Gegenstand einen vollkommen neuen Ausdruck geben. Neben den fertig zu kaufenden Grundfarben der einzelnen Hersteller macht eine unübersehbare Zahl von möglichen und leicht anmischbaren Farbtönen die Wahl nicht einfach. Damit ist aber auch das Anpassen von Farben und Lacken an Farbtöne vorhandener Anstriche möglich.

Akzente kann man mit kleinen Farbpunkten, wie selbst lackierten Möbelgriffen setzen. Ganz einfach lackieren lassen sich alle Beschläge aus Holz, Kunststoff oder Metall.

Die Komponenten der Anstrichsysteme ergänzen sich.

Farben und Lacke sind nicht einfach zusammengerührte Substanzen; umfangreiche und kostspielige Entwicklungsarbeiten sind nötig, um zu optimalen Anstrichmitteln zu kommen. Häufig ist es nicht nur ein Produkt, das entwickelt wird, sondern aufeinander abgestimmte Anstrichsysteme. Grundierungen, Vorlacke und Endanstriche müssen sich ergänzen. Aus diesem Grund sollten solche Systemreihen nicht auseinandergerissen und anders als nach den Empfehlungen des Herstellers verwendet werden. Ebenso sollten Anstrichmittel unterschiedlicher Hersteller nicht miteinander vermischt werden.

Anstriche mit Landhausfarben sind sehr dekorativ und bieten einen optimalen Schutz für das Holz.

18

Der klassische Anstrich der Tür mit Kunstharzlack paßt sich der offenporigen Wetterschutzfarbe des Fachwerks gut an. So geschützte Hölzer haben eine lange Lebensdauer.

Landhausfarben in fein aufeinander abgestimmten Farbtönen schützen und zieren die moderne Holzfassade. Diese offenporige Farbe reißt nicht und kann auch nicht abblättern.

jeden Zweck die richtigen

Die Qualität der Anstrich-mittel, der richtige Anstrich-aufbau und die sorgfältige Verarbeitung machen den Wert einer fertigen Lackierung aus.

Der Markt bietet eine Fülle verschiedener Anstrich-mittel. Diese Seiten sollen helfen, die für den je-weiligen Zweck geeignete Farbe herauszufinden.

Anstrichmittel sind flüssige, puddingför-mige oder pastöse Stoffe, die nach unter-schiedlichen Verfahren, nämlich durch Streichen, Rollen, Spritzen oder Tauchen, auf einen Werkstoff aufgetragen werden. Alle Farben enthalten bestimmte Kompo-nenten. Hauptbestandteil des Volumens ist die Trägerflüssigkeit, die gleichzeitig das Lösemittel für weitere Komponenten ist. Es kann sich dabei um organische oder chemische Flüssigkeiten handeln oder um Wasser. In dieser Flüssigkeit gelöst sind die filmbildenden Stoffe wie natürliche Harze, Kunstharze oder chemische Verbindungen. Durch Verdunsten der Lösemittel wird aus den gelösten Teilen eine geschlossene Schicht, die auch offenporig sein kann. Die Färbmittel der Farben sind Pigmente, die organischen oder synthetischen Ursprungs sein können. Der Anteil an Pigmenten und ihre Teilchengröße bestim-men die Deckfähigkeit der Farbe. Weitere Hilfsstoffe in den Anstrichmitteln machen ihre besonderen Eigenschaften aus. Gegen Bakterien, Pilze und Insekten werden Biozide und Fungizide beigegeben, Sikkative fördern die Trocknung und das Aushärten, Thixotropie- und Verlaufmittel begünstigen die gleichmäßige Verteilung des Lackfilms. Mit UV-Absorbern verhin-dert man das Vergilben, und Emulgatoren sorgen dafür, daß die Bestandteile sich trennen. Außerdem gibt es noch Füllstoffe, Korrosionsschutzmittel und weitere anstrichspezifische Hilfsstoffe.

Kunstharzlacke bestehen aus der Träger-flüssigkeit, den darin gelösten Harzen sowie Pigmenten und diversen Hilfsstoffen.

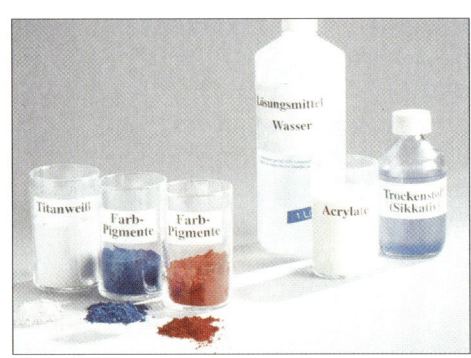

Acryllacke haben Wasser als Trägerflüssigkeit und Lösemittel. Die anderen Rohstoffe sind denen der Kunstharzlacke ähnlich.

Kunstharzlacke trocknen, je nach Typ, hoch-glänzend, seidenmatt oder matt auf. Es gibt sie in den Grundfarben, oder man tönt sie ab.

Acryllacke gibt es ebenfalls in unterschiedli-chen Glanzgraden und Grundfarben. Hände und Werkzeuge reinigt man mit Wasser.

Kunstharzlack: der richtige für starke Beanspruchung

Die meisten der heute im Handel angebo-tenen weißen und farbigen Lacke sind Kunstharzlacke. Das bedeutet, die verwen-deten Harze sind weitgehend auf syntheti-scher Basis hergestellt. Grundstoffe dafür werden aus Erdöl und Kohle gewonnen. Ihre Moleküle sind im flüssigen Lack noch gelöst und vernetzen beim Trocknungspro-zeß zu Riesenmolekülen, die dann den Anstrichfilm bilden. Nach dem als Film-bildner verwendeten Harz bezeichnet man sie auch als Alkydharzlacke. Die Bestand-teile dieser Lacke, zu denen auch die farbgebenden Pigmente gehören, sind meistens gelöst in gesundheitlich nicht ganz unbedenklichem Terpentinöl, Test-benzin oder Terpentinersatz. Da diese Mittel beim Trocknen verdunsten, ist für eine gute Durchlüftung der Arbeitsräume zu sorgen. Kunstharzlacke lassen sich gut verarbeiten und verlaufen zu einer glatten Fläche, die je nach Ausrüstung des Lacks unterschiedlich starken Glanz bilden. Bei richtiger Verarbeitung sind Pinselstriche

Naturfarben verzichten auf Synthetik und Rohstoffe aus Erdöl oder Kohle. Harze, Pigmente und Lösemittel sind Naturprodukte.

Die Hilfsstoffe im Lack bestimmen den Glanzgrad der getrockneten Lackfläche. Den besten Glanz erzielt man mit Kunstharzlack.

Naturfarben gibt es überwiegend in Weiß und gedeckten Farbtönen. Sie sind für Wand- und Holzanstriche innen und außen geeignet.

Untergrund erfolgen. Da das Holz keine Feuchtigkeit aufnehmen kann, ist es weitgehend ausgeschlossen, daß sich mit Kunstharzlack gestrichene Gegenstände nachträglich verziehen können. Kunstharzanstriche sind sehr dauerhaft und haben eine harte, relativ kratzfeste Oberfläche. Dieser Lack ist für den Innenbereich ebenso gut geeignet wie für draußen. Es können z. B. Türen, Fußleisten, Rahmen, Fensterbretter damit geschützt und verschönt werden, und Möbel bekommen damit ein optimales Aussehen. Der Untergrund kann aus Holz, Metall oder, bei Verwendung entsprechender Additive, auch aus Kunststoff sein. Kunstharzlacke dürfen zum Abtönen nicht mit Acryllacken vermischt werden.

oder Rollenstrukturen kaum zu erwarten. Anstriche mit Kunstharzlack sind nach etwa zwei Stunden staubtrocken, nach ca. acht Stunden überstreichbar und nach ca. 48 Stunden ausgehärtet. Die Trockenzeiten können von diesen Werten abweichen, sie werden aber auf den Lackdosen angegeben. Die Kunstharzschicht sperrt die Oberfläche vollkommen ab, das Material darunter kann also keine Feuchtigkeit mehr abgeben oder aufnehmen. Anstriche auf Holz dürfen also nur auf trockenem

Kunstharzlacke gibt es in Weiß und in vielen leuchtenden Farbtönen, die untereinander mischbar sind.

Grundierungen auf rohem Holz sperren die Oberfläche ab und sind eine gute Haftbrücke für die anschließende Lackierung.

Fensteranstriche, bei denen das Holz sichtbar bleibt, brauchen eine Grundierung mit Bläueschutz und pilzhemmender Ausrüstung.

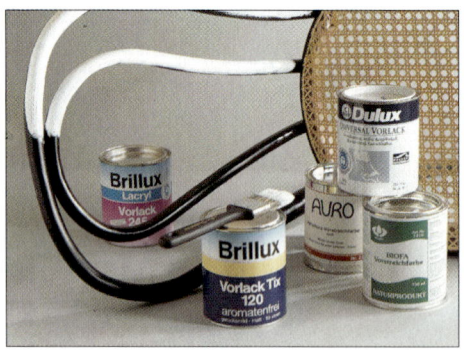

Vorstreichfarben und Vorlacke sind stark pigmentiert. Sie decken auch bei starkem Kontrast gut und bieten einen guten Haftgrund.

Acryllacke und Naturfarben

Besonders im Heimwerkerbereich haben sich, nicht zuletzt wegen der erkannten Umwelt- und Gesundheitsbelastung von Lösemitteln, Lacke auf Acrylbasis immer mehr durchgesetzt. Als Trägerflüssigkeit und Lösemittel wird bei ihnen Wasser verwendet. Herkömmliche Lösemittel sind nur in geringen Mengen (meist unter 10%) enthalten, was zur Auszeichnung dieser Lacke mit dem blauen Engel geführt hat. Wenn die noch flüssigen Lacke auch wassergelöst sind, bedeutet das nicht, daß der getrocknete Anstrich von Wasser wieder angelöst werden kann. Dispersionslacke, wie diese modernen Anstrichmittel auch genannt werden, sind absolut wasserfest und für Anstriche innen und außen geeignet.

Die Verarbeitung der Acryllacke ist einfach, die Geruchsbelästigung bei der Verarbeitung ist dank geringer Lösemittelanteile sehr gering. Ihre sehr kurze Trockenzeit, die mehrere Anstrichschichten an einem Tag ermöglicht, führt aber auch dazu, daß die Farbe nicht so gut verläuft wie Kunstharzlack. Es kann also zu Pinselspuren oder zur Bildung einer Rollenstruktur kommen. Acryllacke erreichen nicht ganz den Hochglanz wie Kunstharzlacke und haben eine nicht so harte Oberfläche. Dafür sind sie meist speichel- und schweißfest, was bei Anstrichen im Kinderzimmer und für Spielzeug wichtig ist. Als Untergrund sind Holz, Kunststoff und Metall geeignet, bei Eisen ist ein Voranstrich mit herkömmlichem Vorlack nötig. Bei Renovierungsanstrichen kann Acryl auf Kunstharz gestrichen werden, umgekehrt ist es nicht zu empfehlen. Acryllacke können leicht abgetönt werden und sind untereinander mischbar.

Naturfarben sind Anstrichmittel, die ausschließlich natürliche Rohstoffe enthalten. Sie werden auch als Bio-Farben bezeichnet. Verwendet werden Rohstoffe wie Pflanzenharze und -öle, Wachse, ätherische Öle, Pflanzenfarbstoffe, Naturstoffe tierischer Herkunft und natürliche Mineralstoffe. Bei der Herstellung von Naturfarben wird bewußt auf den Einsatz synthetischer Stoffe, chlorierter Kohlenwasserstoffe und Schwermetalle sowie Weichmacher verzichtet. Naturfarben haben relativ lange Trockenzeiten und erreichen nicht immer den Hochglanz, der mit Kunstharzlacken möglich ist. Auch die Leuchtkraft der Farben ist geringer. Nicht alles, was die Natur produziert, ist immer gesundheitlich unbedenklich und umweltfreundlich. Auch natürliche Rohstoffe und Lösemittel können z. B. Allergien hervorrufen sowie Reizungen der Augen und der Atemwege bewirken.

Fensteranstriche sind durch den Innen-außen-Gegensatz besonderer Belastung ausgesetzt. Dafür gibt es Spezialanstrichsysteme.

Kunststoffe lackiert man mit Acryllack oder Kunstharzlack, dem ein Spezialadditiv zugesetzt wird. Vorher mit Haftgrund behandeln.

Verzinkte Eisenteile sollten vor dem Anstrich mit Zinkschutzfarbe gut abwittern. Man kann auch Lack mit Spezialadditiv verwenden.

Eisenteile müssen mit einer Rostschutzfarbe oder -grundierung behandelt werden. Bei Renovierungsanstrichen vorher Rost entfernen.

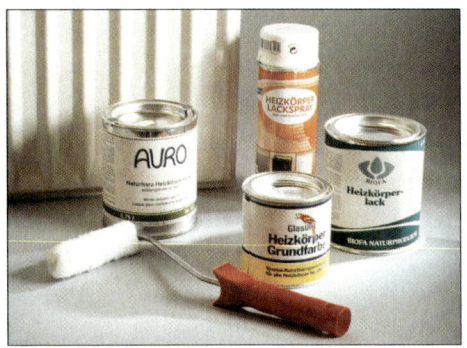

Holzschutz: in der Erde mit Asphalt- und Bitumenfarbe, oberhalb durch Imprägnierung oder Wetterschutzanstrich.

Heizkörperlacke sind hitzebeständig bis 180° C, ohne zu vergilben. Am wenigsten Geruchsbelästigung verursachen Acryllacke.

Farben für Spezialanstriche

Für einige besondere Untergründe, vor allem wenn spezielle Anstricheigenschaften gefordert werden, braucht man auch besondere Lacke bzw. Voranstriche oder Grundierungen. Auch bei Erstanstrichen ist ein spezieller Voranstrich zu empfehlen. Vorstreichfarben auf rohem Holz haften besser auf dem Material, füllen Poren besser aus und schaffen eine gleichfarbige Fläche. Sie lassen sich gut schleifen und bilden eine ideale Haftbrücke für die nachträgliche Lackierung und für das ggf. nötige Spachteln. Färbt man den Voranstrich schon ein, erreicht man eine optimale Deckung.

Für kesseldruckimprägnierte Hölzer, die man für Bauten im Garten verwendet, braucht man eine Grundierung, die verhindert, daß austretende Imprägniersalze den Endanstrich angreifen.

Für Metalle, deren Oberflächen korrodieren, gibt es spezielle Grundierungen und Schutzanstriche. Durch Additive, die normalen Kunstharzlacken zugesetzt werden, erreicht man eine besonders gute

Hitzebeständig bis 600° C sind Speziallacke für Öfen, Kamine und deren Zubehör. Es gibt sie nur in Tiefschwarz und silberfarben.

Tafellack gibt es in Schwarz und Grün. Damit gestrichene Flächen lassen sich wie eine Schultafel mit normaler Kreide beschriften.

Haftung auf dem Untergrund. Verzinkte Eisenteile z. B., Zäune oder Tore sollten vor dem Anstrich gut abwittern. Besondere Effekte kann man durch Anstriche mit Eisenglimmer- und Zinkstaubfarben erreichen. Sie schützen die Oberfläche gut und geben auch Holz oder Kunststoffen ein metallisches Aussehen.

Hitzebeständige Farben, die Temperaturen bis 600° C aushalten, sind speziell für Anstriche an Öfen, Ofenrohren und den Metallteilen an Kaminen gedacht.

Zu den Spezialfarben gehören auch Tauchlacke zum Einfärben von Glas oder Glühlampen und Tafellack, mit dem sich jede Fläche in eine Schultafel verwandeln läßt. Teer- oder bitumenhaltige Farben schützen Holz, das mit dem Erdreich in Berührung kommt, gegen Fäulnis. Auch Kelleraußenwände und Haussockel werden zum Schutz gegen Feuchtigkeit mit Bitumenfarben gestrichen.

Zum Anstreichen von Kunststoffen wie z. B. Dachrinnen gibt es Spezialfarben oder Zusätze, die für gute Haftung sorgen.

Fußbodenlack: *Damit lassen sich Böden aus Zement, Holz oder Stein dauerhaft beschichten. Es gibt Ein- und Zweikomponentenlacke.*

Zinkhaftfarben *sind als Schutzanstrich für Eisen- und Nichteisenmetalle verwendbar. Anschließend mit Überzugslack streichen*

Tauchlack *färbt Glas dauerhaft ein. Damit lassen sich z. B. Glühlampen für Lichterketten oder farbige Glasfenster herstellen.*

Rostschutzfarben *gibt es auf Öl- oder auf Kunstharzbasis. Chemische Zusätze lassen manche Farben direkt auf Rost haften.*

Auf den richtigen Farbton kommt es an

*Die Natur zeigt uns den Weg.
Kaum ein Farbdesigner kann
so feine und so optimal
aufeinander abgestimmte
Farbabstufungen schaffen,
wie sie die Natur vorgibt.*

Farbtöne, die uns umgeben, haben Einfluß auf unser Verhalten und auf unser Wohlbefinden. Überall dort, wo wir die Farben auswählen können, sollten wir das berücksichtigen.

Farben werden vom Fachmann in warme und kalte Töne unterteilt. Warme Töne enthalten überwiegend Gelb und Rot, kalte dagegen Blau und manchmal auch Schwarz. Aber: keine Regel ohne Ausnahme. Es gibt nämlich auch warme Blautöne, z. B. Indigoblau, die auch Rot und Gelb enthalten. Und umgekehrt können Rottöne kalt wirken. Das ist bei Kirschrot der Fall, in dem sich auch blaue Bestandteile befinden. Jeder Farbe kann man also einen warmen oder einen kalten Akzent geben.

Obwohl das Spektrum der fertig zu kaufenden Farben sehr groß ist, findet man dabei nicht immer genau den gewünschten Ton, der sich in der Vorstellung oder nach einer Vorlage aus der Natur gebildet hat. Es bleibt dann nur das Abtönen oder das Anmischen eines ganz neuen Farbtons. Anfänger sollten dabei zunächst nur wenige Farbtöne einsetzen. Eine Handvoll unterschiedlicher Abtönfarben reicht aus. Mit den Volltönen Rot, Blau und Gelb hat man die Grundpalette. Volltöne sind die Farben mit der größten Intensität. Damit bezeichnet man ihre Farbreinheit. Ein Begriff, der sich nicht nur auf die drei genannten Töne bezieht, sondern auch auf Ocker, Siena und Umbra zutrifft. Diese Erdfarben sind die ältesten Pigmente, die erzeugt wurden. Noch heute werden sie als Naturprodukte aus Lehm und Tonerde hergestellt.

Aus Farben und Pigmenten werden neue Farbtöne

Wandfarben werden meistens in Weiß geliefert und können mit entsprechenden Abtönfarben nach Wunsch eingefärbt werden.

Farbkonzentrate sind reine Farbpigmente, die wassergelösten und auch lösemittelhaltigen Farben und Lacken zugesetzt werden können.

Abtönpasten in Tuben oder farbige Lacke in Minigebinden eignen sich nur zum Einfärben und Abtönen von lösemittelhaltigen Lacken.

Wichtig: das richtige Lösemittel

Nicht alle Farbsorten sind untereinander mischbar. Entscheidend dafür ist die Art des Lösemittels, das bei der Farbherstellung eingesetzt wurde. Grundsätzlich werden industriell hergestellte Farben heute nach zwei Kategorien unterschieden. Es gibt wassergelöste Farben und solche, die besondere Verdünnungen auf chemischer Basis als Lösemittel haben. Zu den wassergelösten zählen z. B. Binder- und Dispersionsfarben, die man für Wandanstriche verwendet, Acryllacke und die meisten Farben, die den blauen Engel tragen. Wassergelöst bedeutet nicht, daß diese Farben nach dem Trocknen wasserlöslich sind.

Die zweite Kategorie sind lösemittelhaltige Farben und Lacke wie Kunstharz-, Nitro- und Ölfarben. Sie enthalten chemische Lösemittel, die meist stark riechen, bei Herstellung und Verdunstung die Umwelt belasten und häufig auch gesundheitsschädlich sind.

Beide Farbsorten bekommen ihre Farbigkeit von den gleichen, lösemittelneutralen Pigmenten, wie man die feinstgemahlenen Farbkörner nennt.

Farben der gleichen Sorte können zum Abtönen miteinander gemischt werden. Besonders viele Pigmente enthalten Abtönfarben oder Pasten, die aber zu der jeweiligen Farbsorte passen müssen. Auf den Gebinden findet man entsprechende Hinweise. Nur Konzentrate, die fast ausschließlich aus Pigmenten bestehen, lassen sich für alle Farbarten verwenden. Sie dürfen aber nur in begrenzter Menge zugesetzt werden, weil sie sonst die Eigenschaften der Farbe verändern können. Am sichersten geht das Abtönen mit passenden Mitteln des gleichen Farbherstellers.

Sollen größeren Mengen Farbe kleine Mengen Abtönfarbe zugesetzt werden, verrührt man das Konzentrat zunächst mit einer kleineren Menge Farbe, die man dann der großen Menge zusetzt. Vorher sollte die Wirkung des Abtönens mit sehr kleinen Dosierungen beider Substanzen, z. B. auf einem Teller, erprobt werden. Getrocknete Farben haben meistens einen anderen Ton als feuchte, zum Beurteilen sollte eine Probe mit Hilfe eines Föns oder auf der Heizung getrocknet werden. In Baumärkten oder Farbengeschäften kann man sich auch Farben nach Wunsch bzw. nach einer Tabelle anmischen lassen.

Trockenfarben sind Grundsubstanzen für Abtönfarben und Pasten. Trocken zugesetzt, verändern sie die Eigenschaften der Farben.

Rührstäbe, die man in die Bohrmaschine spannt, erleichtern das Mischen von Farben. Ihr Durchmesser muß zur Dosengröße passen.

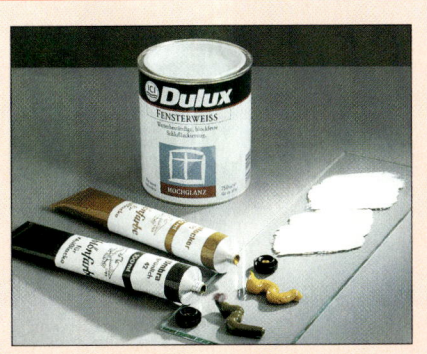

Gut deckende Weißlackierung einfach gemacht

Renovierungsanstriche von Fenstern und Türen decken besonders gut, wenn Vor- und Decklack mit der Zugabe von geringen Mengen Umbra oder Schwarz leicht abgetönt werden. Das Ergebnis: ein warmes Weiß (mit Umbra) oder ein gut deckendes, kühles Weiß (mit Schwarz).

Farbmuster erleichtern das Bestimmen des Farbtons. Wand- und Lackfarben können vom Fachhändler danach angemischt werden.

Farbloser Lack: ein klarer

*Die verschiedenen Klarlacke färben das
gleiche Holz unterschiedlich ein.
Hier am Beispiel Leimholzplatten aus Fichte
deutlich zu erkennen (unten).*

Schutzfilm für das Holz

Wenn die Oberfläche von Holz ihren natürlichen Charakter behalten soll, muß eine durchsichtige Schicht als Schutz aufgetragen werden.

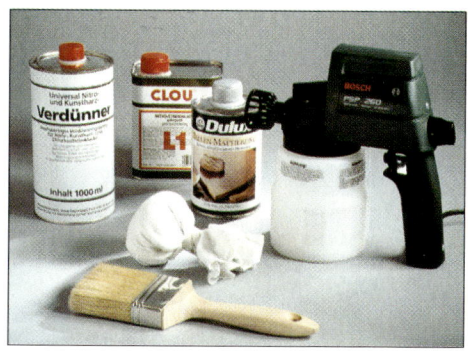

Nitrolacke bilden eine dünne, wenig stabile Schicht. Der erste Auftrag erfolgt mit dem Pinsel, weitere Schichten per Spritzpistole.

Gleichgültig, ob es aus heimischen Wäldern kommt oder als sog. Exoten aus Übersee, ob es als dünnes Furnier oder als massives Material verarbeitet ist, Holz ist ein natürliches Baumaterial für Möbel, das neben anderen Materialien immer seinen Reiz behalten wird. Umwelteinflüsse, Feuchtigkeit und die normale Verschmutzung durch Staub machen aber jeder noch so schönen Oberfläche auf Dauer zu schaffen. Hinzu kommt noch die mechanische Beanspruchung, und sei es nur durch das häufige Berühren mit der Hand und das Reinigen.

Der geeignete Überzug für diese Flächen ist eine farblose Lackierung. Die Lackschicht schützt und verleiht dem Aussehen des Holzes mehr Tiefe. Klarlacke, die keine Farbpigmente enthalten, sind transparente, organische Filmbildner, die je nach Zusammensetzung glasklar sind oder eine schwachgelbe Eigenfarbe aufweisen. Ihre Bindemittel waren früher natürliche Öle und Harze. Heute werden Lackbindemittel meist vollsynthetisch hergestellt oder aus Naturprodukten durch chemische Umwandlung erzeugt. Naturharzlacke und Öle werden im wesentlichen aus Baumharzen gewonnen. Das sind z. B. Bernstein, Kolophonium, Dammar oder Kopal. Die glasartigen Harze werden in organischen Lösemitteln gelöst, oder sie werden ausgeschmolzen. Organische Lösemittel sind z. B. Terpentinbalsamöl oder Alkohol.

Öllack, der klassische Holzanstrich, hat lange Trockenzeiten. Der Auftrag erfolgt mit Pinsel oder, bei großen Flächen, mit der Lackierrolle.

Kunstharzlacke bilden die beste Oberfläche. Sie verlaufen gut, wenn sie mit Pinsel oder entsprechender Rolle aufgetragen werden.

Transparente Anstriche für innen

Acryllacke enthalten als Lösemittel haupt-sächlich Wasser. Werkzeuge und Hände kön-nen unter dem Wasserhahn gereinigt werden.

Klarlacke heben die Eigenfarbe und die Ma-serung der Hölzer deutlicher hervor. Die Wir-kung findet man durch einen Test heraus.

Die Lackinhaltsstoffe bestimmen die Qualität der Lackierung.

Natürliche Lacke und Öle dringen tief in das Holz ein, halten es gesund und ela-stisch und lassen es nicht austrocknen. Das Holz kann atmen, Feuchtigkeit kann entweichen, was das Quellen und Schwin-den des Holzes vermindert.

Die meisten natürlichen Lacke enthalten keine bioziden Wirkstoffe, die bei der Holzbehandlung im Innenbereich auch nicht nötig sind. Diese Lacke, die auch als Öllacke bezeichnet werden, enthalten trocknende Öle und wenige schnell ver-dunstende Lösemittel. Ihre Trockenzeit ist entsprechend lang. Anstriche mit Lacken dieser Art sind nach dem Trocknen gesundheitlich unbedenklich. Alle Anstrichmittel, die als Holzschutzmittel gegen Pilze, Fäulnis und Schädlingsbefall ausgerüstet sind, dürfen für Möbel und in Wohn- und Aufenthaltsräumen ohnehin nicht eingesetzt werden.

Lacke auf Kunstharzbasis (Alkydharz-lacke) enthalten mehr verdunstende Löse-mittel, sind auf der Basis von syntheti-schen Harzen hergestellt und wider-standsfähiger gegen mechanische Bean-spruchung. Sie trocknen schneller als Öllacke und entwickeln, je nach Lacksor-te, einen höheren Glanzgrad. Die meisten farblosen Lacke gibt es hochglänzend, seidenmatt und matt auftrocknend.

Einen hohen Anteil an stark flüchtigen Lösemitteln haben Lacke auf der Basis von Nitrozellulose. Diese Lacke, die extrem schnell trocknen, erfordern eine besondere Anstrichtechnik. Der Lack muß, damit er einen schützenden Film bilden kann, in mehreren Schichten aufgetragen werden. Die neu aufgetragene Schicht löst jedoch die schon getrocknete an und bildet eine klebrige, nicht verlaufende Masse. Gute Ergebnisse kann man nur durch das Auf-tragen mit einer Spritzpistole erreichen. Einen immer größer werdenden Raum unter den Klarlacken nehmen die Acryl-lacke ein. Sie sind wassergelöst, aber nach dem Auftrocknen absolut wasserfest. Sie enthalten kaum organische Lösemittel und sind deshalb aus ökologischer Sicht die beste Wahl.

Die meisten Klarlacke werden für spezielle Zwecke angeboten, z. B. für Möbeloberflächen, Treppen und Holzböden oder Profilholz an Wand und Decke.

Lasuren für innen und für außen

Die Maserung bleibt sichtbar

Lasuren sind dünnflüssige Anstrichmittel, die tief in das Holz eindringen. Sie enthalten Farbpigmente, sind aber nicht deckend. Ähnlich wie beim Beizen schimmert die Maserung des Holzes durch den Anstrich. Je nach Pigmentierung kann die Durchsichtigkeit unterschiedlich sein. Lasuren bilden einen wasserdampfdurchlässigen, aber wasserabstoßenden Film, sind also offenporig. Sie lassen sich leicht verarbeiten, weil sie ohne Voranstrich oder Grundierung in einer oder in zwei Schichten auf das Holz aufgetragen werden. Lasuren können Lösemittel enthalten oder werden auf Wasserbasis hergestellt. Auch die wassergelösten sind nach dem Trocknen wasserfest. Für den Innenbereich, also für Möbel, Profilholz an Wänden und Decken oder Verkleidungen, können einfache Lasuren verwendet werden. Es gibt sie in unterschiedlichen Holztönen und in bunten Farben. Außen verwendet man Holzschutzlasuren, die fungizid ausgerüstet sind, das bedeutet, daß sie das Holz nicht nur gegen Witterungseinflüsse, sondern auch gegen Pilzbefall schützen.

Zäune und Fenster sind die typischen Holzteile, die mit einer Dickschichtlasur einfach geschützt und verschönt werden können.

Dickschichtlasuren bilden einen dickeren Film, der das Holz entsprechend besser schützt. Man verwendet sie hauptsächlich zum Streichen von Fenstern, die ihren Naturholzcharakter behalten sollen. Renovierungsanstriche bei Lasuren sind einfach. Alte Anstriche müssen nicht entfernt werden, man streicht sie einfach über.

1. *Lasuren auf Wasserbasis für Außenanstriche.* **2.** *Lösemittelfreie Lasuren für Möbel und Profilholzverkleidungen im Innenbereich.* **3.** *Lösemittelhaltige Lasuren, hauptsächlich für außen.*

Schleifen: wichtige Vorarbeit

*Ein besandeter Schleif-
schwamm paßt sich genau
den Konturen der Profilleiste
an. Für solche Schleifarbeiten
sind auch Stahlwolle und
Schleifvlies geeignet.*

für einen guten Anstrich

Ein guter Untergrund ist Vorbedingung für einen gelungenen Anstrich. Dazu gehört vor allem das richtige Schleifen der zu lackierenden Flächen.

Unebenheiten in der Fläche, herausgequollene Leimreste oder Spuren von Sägezähnen sind die typischen Erscheinungen, die auf dem rohen Werkstück kaum erkennbar sind, aber nach dem Lackieren besonders deutlich hervortreten. Sie schmälern den Wert jedes selbstgebauten Möbelstücks oder einer vorgenommenen Renovierung. Gerade auf hochglänzenden Flächen treten diese Fehler stark hervor und sind bleibende Zeugen nicht sorgfältiger Arbeit. Vermeiden lassen sie sich durch Glätten und Schleifen mit entsprechend feinen Schleifmitteln vor dem endgültigen Anstrich.

Das Schleifen zählt, wie Hobeln oder Fräsen, zu den spanabhebenden Arbeitstechniken. Im Gegensatz zum Hobeleisen oder den Messern des Fräsers nehmen die scharfkantigen Körner des Schleifmittels allerdings nur staubfeine Späne ab. Auf diese Weise lassen sich Oberflächen absolut riefenfrei glätten und Profile oder Passungen auf Zehntelmillimeter genau ausarbeiten.

Das Ergebnis des Schleifvorgangs hängt von der Auswahl des richtigen Schleifmittels, dessen korrekter Führung über das Werkstück, der Schleifrichtung und dem Anpreßdruck ab. Schleifen kann man von Hand mit Hilfe von Schleifklotz oder anderen Hilfsmitteln und mit Schleifmaschinen unterschiedlicher Bauart. Bei feinen Schleifarbeiten ist ein gefühlvolles Handschleifen vorzuziehen.

Schleifklötze können aus Holz, Kork oder Gummi sein. Das Schleifpapier wird um den Klotz gelegt und festgehalten. Spezielle Kunststoffklötze haben Klemmvorrichtungen.

Holzflächen werden immer in Richtung der Maserung geschliffen. Lang durchgezogene Schleifbewegungen und ein gleichmäßiger Druck führen zu einem guten Ergebnis.

Arbeitshandschuhe geben Schutz gegen Verletzungen durch versehentlich hochgerissene Holzsplitter. Beim Schleifen mit Stahlwolle sollte man ohnehin Handschuhe tragen.

Schleifstaub muß sorgfältig entfernt werden, bevor der erste Anstrich kommt. Den Staub abfegen, abbürsten oder am gründlichsten mit einem starken Staubsauger absaugen.

Auf die Richtung kommt es an

Ob rohes Holz oder gestrichene Flächen geschliffen werden – der Schleifvorgang des Spanabhebens ist gleich, aber es kommt auch auf die Richtung an. Holz sollte immer nur in Richtung der gewachsenen Maserung geschliffen werden und nicht quer oder schräg dazu. Dabei würden nämlich die feinen Holzfasern hochgerissen, und das Gegenteil der beabsichtigten Wirkung würde eintreten: Die Holzfläche würde rauher werden als vor dem Schleifen. Die beste Wirkung erreicht man auf rohem Holz durch zusätzliches Wässern. Das bedeutet, daß grob vorgeschliffen und die Fläche dann mit einem nassen Schwamm bearbeitet wird. Nach kurzer Zeit quellen die weichen Holzfasern auf, die nach dem Trocknen fein nachgeschliffen werden. Kommt dann Lösemittel oder in der Farbe enthaltenes Wasser an die Fasern, quellen diese kaum noch auf.

Sollen Flächen geschliffen werden, muß auch das Schleifpapier flächig aufliegen. Aus diesem Grund benutzt man einen Schleifkork oder -klotz, um den das Papier gewickelt wird. Bei Rundungen oder Profilen versucht man die Form des Schleifmittels anzupassen. Bei Profilen geht das gut mit einem Schleifschwamm, oder man arbeitet mit Stahlwolle, bei Außenrundungen formt die Hand das Schleifpapier. Innenrundungen schleift man mit Hilfe eines passenden Rundmaterials als Schleifklotz.

Flächen und Rundungen mit großem Radius kann man auch mit Hilfe von Maschinen schleifen. Am häufigsten wird der Schwingschleifer eingesetzt. Bei ihm wird die Schleiffläche durch einen Exzenter in kleine kreisende Bewegungen ver-

Maschinen richtig eingesetzt.

Die meisten modernen Schleifmaschinen sind für Staubabsaugung durch die Schleifplatte eingerichtet. In das Schleifpapier müssen dafür entsprechende Absauglöcher gestanzt werden.

setzt. Die Kreise sind so klein, daß sie auf dem Untergrund kaum sichtbare Spuren hinterlassen. Exzenterschleifer haben einen runden Schleifteller, der sich um die eigene Achse dreht, die gleichzeitig exzentrisch um die Antriebsachse rotiert. Das Ergebnis ist optimale Schleifwirkung bei geringster Spurenbildung. Bei einfachen Rotationsschleifern (z. B. Winkelschleifern) wird viel Material abgenommen, es bleiben aber auch deutliche Spuren. Bei Bandschleifern läuft ein Endlosschleifband um zwei Walzen. Damit kann man gut in Richtung der Maserung schleifen, muß aber die Maschine exakt plan zur Oberfläche führen. Abkippen oder Verkanten der Maschine verursacht deutliche Schleifspuren. Wichtig beim Schleifen mit der Maschine ist der Anschluß einer wirksamen Staubabsaugung. Schleifstaub verschmutzt den ganzen Arbeitsraum und kann außerdem gesundheitsschädlich sein.

Rotationsschleifer fürs Grobe gibt es auch als Zubehör für die Bohrmaschine. Sie nehmen viel Material ab, hinterlassen aber deutlich sichtbare Spuren auf dem Untergrund.

Rotation und *Exzenter-Bewegungen machen diese Maschine zu einem Universalschleifer. Mit Rotation grob vorschleifen, für den Feinschliff den Exzenter zuschalten.*

Schwingschleifer lassen sich durch diese zusätzliche Verlängerung der Schleifplatte noch vielseitiger einsetzen. Schmal und flach paßt die Zunge in kleine Zwischenräume.*

Auf die Körnung kommt es an

Schleifmittel bestehen aus dem Schleifkorn und einem Trägermaterial. Das scharfkantige Schleifkorn ist Quarzsand, Flint, Granat oder Edelkorund in unterschiedlicher Korngröße. Es wird entweder mit Bindemitteln zu einem festen Körper gebacken (Schleifstein) oder auf einen Träger mit Hilfe von Kleber aufgesiebt. Trägermaterial kann einfaches Papier, wasserfest ausgerüstetes Papier, Leinen, Vlies oder PU-Schaum sein. Das Schleifmaterial wird dann in Bogen, auf Rollen, als Formzuschnitt oder als Endlosband geliefert. Für besondere Anwendungen gibt es daraus entwickelte Schleiffächer oder Lamellen-Schleifscheiben.

Die Feinheit des Schleifmittels, die als Körnung bezeichnet und in einer Zahl zischen 30 und 800 angegeben wird, richtet sich nach der Schleifkorngröße. Bestimmt wird diese durch das Sieb, das beim Aufsieben verwendet wird. Angegeben wird die Anzahl der Siebmaschen pro Quadratzoll (2,54 × 2,54 cm). Schleifmittel mit der Körnung 30 enthalten also sehr grobes Korn, und Papier der Körnung 800 ist so fein, das es sich beim Darüberfahren mit der Hand samtartig anfühlt.

Das Korn kann als geschlossene Fläche aufgetragen sein oder zum Beispiel in Schlangenlinien mit freien Zwischenräumen. Diese teilweise bestreuten Träger setzen sich nicht so schnell mit Schleifstaub zu.

Schleifmittel der Körnungen 30 bis 80 verwendet man für groben Vorschliff, zum Entfernen dicker Farbschichten oder zum Materialabtrag bei Einpaßarbeiten. Mittelfeine Körnungen von 100 bis 180 werden zum Beispiel beim Feinschleifen von Massivholz, zum Anrauhen von Lack-

Schleifmittels wählen

Für jede Arbeit das richtige Schleifmittel in passender Form. Die Schleifscheiben werden einge-spannt, aufgeklebt, oder sie werden durch Klettbefestigung auf dem Schleifteller fixiert.

flächen eingesetzt. Für den Feinschliff von grundierten Flächen und für den Zwischenschliff vor dem Lackieren verwendet man Körnungen zwischen 220 und 400. Noch feinere Körnungen von 600 bis 800 geben als Naßschleifpapier zum Beispiel Plexiglas den letzten Schliff vor dem Hochglanzpolieren.

Bei Qualitätsschleifpapieren findet man auf der Rückseite neben der Körnung auch Informationen über die Art der Besandung, den Einsatzbereich und die Wasserfestigkeit. Form und Größe der Papiere und Streifen sind auf die Breite von Schleiftellern der Maschinen abgestimmt. Zu den Schleifmitteln zählt auch Schleifvlies. Das ist eine Art Kunststoffwolle, deren locker verbundene Fasern eine aggressive Oberfläche haben. Auch Stahlwolle in verschiedenen Feinheitsgraden eignet sich gut, um Konturen und Profile zu schleifen.

Schleifschwämme sind besandete feste Kunststoff-Schwämme. Sie sind sowohl für Trocken- wie Naßschliff geeignet. Sie passen sich Profilen und gerundeten Konturen an.

Eine Auswahl aus dem großen Pinselange-
bot, das der Handel bereithält. Fast alle
gezeigten Pinsel sind in verschiedenen
Größen bzw. Breiten lieferbar. Die Größe,
die zum Einsatz kommt, richtet sich nach
der Größe der zu bearbeitenden Fläche.

Lackieren und Verzieren

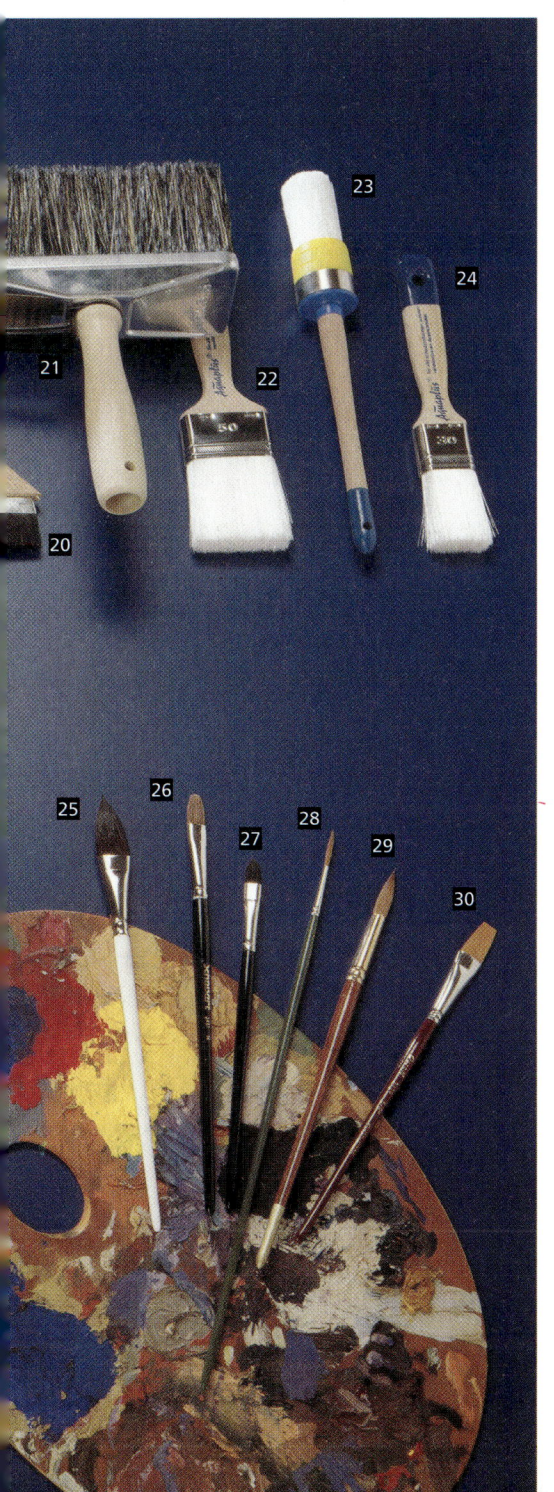

Es wird eine große Anzahl unterschiedlicher Pinsel angeboten, hier steht ihre richtige Bezeichnung und für welche Arbeiten man sie einsetzt.

Pinsel haben nicht nur unterschiedliche Formen und Größen, sondern auch auf spezielle Farben abgestimmte Borsten. Die Borsten können entweder aus Naturhaar oder aus Kunstfasern sein. Naturborsten, die meist von chinesischen Schweinen stammen, sind besser für herkömmliche, lösemittelhaltige Lacke geeignet. Kunststoffborsten sind für wasserhaltige und damit meist auch dünnflüssige Farben und Lacke gedacht. Um das Farbspeichervermögen des Pinsels zu erhöhen, vergrößert man die Oberfläche der einzelnen Borsten, indem man sie kreuzförmig profiliert. Dabei werden die Spitzen der Borsten zu Streichfahnen aufgeschlitzt.

Die klassischen Ringpinsel zum Lackieren **1 – 3** können sich nicht nur in der Größe und in der Borstenqualität unterscheiden, sondern auch im Aufbau. Die einfachen haben eine Kunststoffassung **2**, bessere einen mehrstufigen Kunststoffvorbund **1**, und die Spitzenmodelle besitzen Chinaborsten und einen Vorbund aus geknoteter Kordel. Der Vorbund wird stufenweise abgenommen, wenn die Borsten durch Abnutzung kürzer geworden sind. Ovalpinsel **4** sind eine Kombination aus Ring- und Flachpinsel und gut für scharfe Farbbegrenzungen geeignet. Flachpinsel **2** haben einen Metallvorbund und können durch die reihenweise Anordnung der Borsten viel Farbe speichern. Auch Flachpinsel gibt es mit hochwertigen Chinaborsten **6** und in leicht abgewinkelter Form **7**.

Mit dem richtigen Pinsel gelingen alle Lackier-

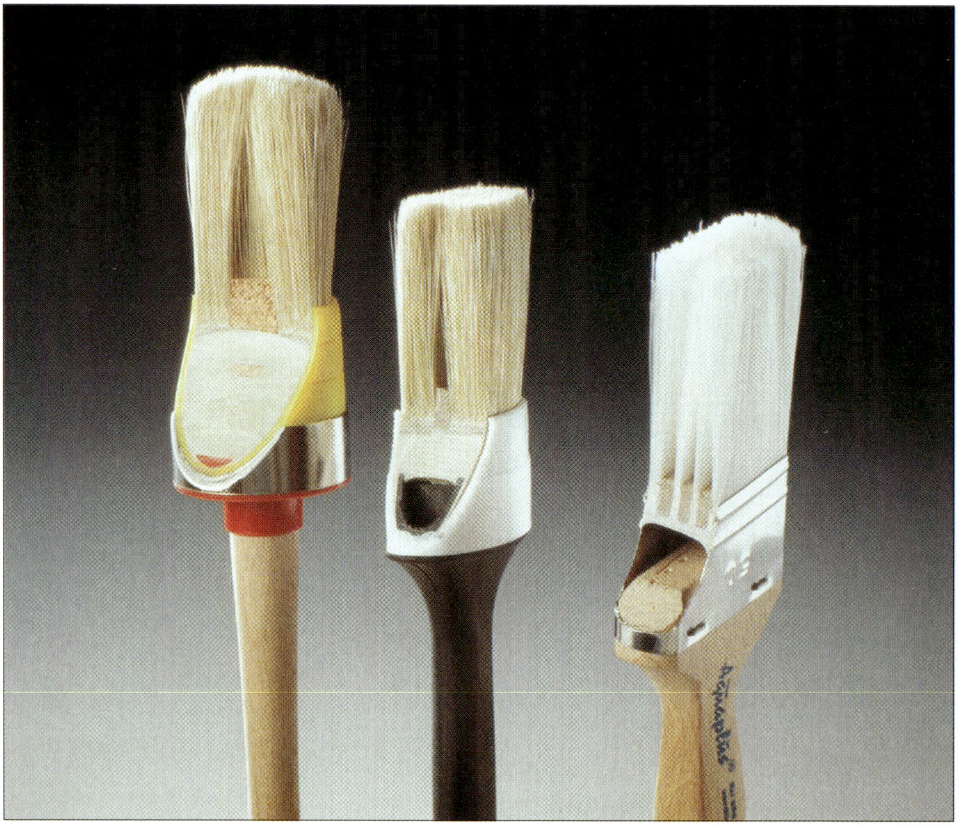

***Farbkammern** im Inneren der Borstenbündel speichern die Farbe. Beim Rundpinsel schafft ein Korken den Hohlraum, beim Oval- und beim Flachpinsel einvulkanisierte Pappstreifen (v. l. n. r.).*

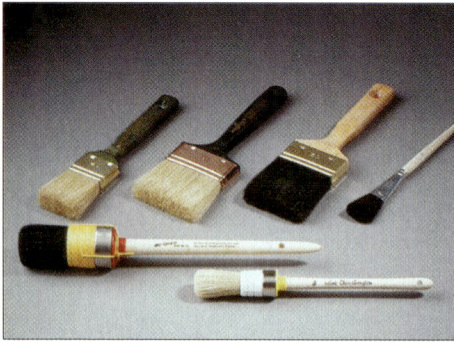

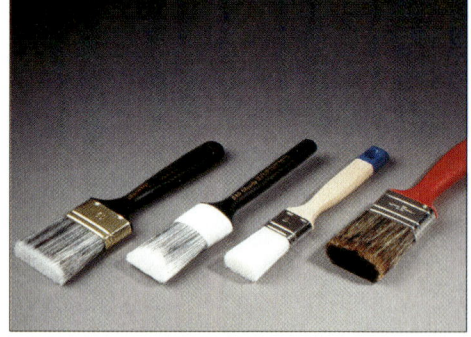

***Flach und Rundpinsel** mit Naturborsten in Hell und in Schwarz. Diese Pinsel sind für die Verarbeitung lösemittelhaltiger Lacke geeignet.*

***Kunststoffborsten** aus Polyester (PE) sind für das Verstreichen von Wasserlacken gedacht. Ihre Borsten fühlen sich glatt und hart an.*

Flächenstreicher **8** sind für den Anstrich großer Flächen und stellen eine Vorstufe zur Deckenbürste dar. Es gibt einfache Kleisterabwaschbürsten **9** mit lackiertem Holzkörper und hochwertige mit Chinaborstenmischung im kunststoffvergossenen Metallkörper **21**. Langstielige, abgewinkelte Flachpinsel bezeichnet man als Heizkörperpinsel oder Fassadenstreicher. Es gibt sie mit normalen Borsten für Standardfarben **10** und mit Spezialborsten für dünnflüssige Farben **12**. Abgeschrägt, zum Streichen dicht an der Scheibe, sind die Borsten bei Fensterlackierpinseln **11**. Spezialborsten, die besonders viel Farbe speichern, besitzen Ovalpinsel **13**, die für die Verarbeitung wassergelöster Acryllacke gedacht sind. Für feine Streicharbeiten gibt es langstielige Strichzieher in runder **14** und in flacher Form **15** und sogenannte Flachvertreiber **16**.

Lange Stiele besitzen auch Plattpinsel, die für feine Lackierarbeiten gedacht sind. Die Borsten können gerade **17**, abgewinkelt **18** oder gekröpft **19** angesetzt sein. Um die Sicht auf die zu begrenzende Kante frei zu lassen, hat der Beschneidepinsel **20** einen stark gekröpften Stiel. Speziell für die Verarbeitung moderner, wassergelöster Farben sind Pinsel mit Borsten aus Polyesterfasern in verschiedenen Formen **22, 23, 24** gedacht. Diese Borsten sind Naturmaterial gegenüber abriebfester.

Weniger zum Anstreichen, dafür mehr für das künstlerische Hobby geeignet sind Feinhaarpinsel. Sie haben hochwertige Borsten, die zu speziellen Formen geschliffen sind. Es gibt Seidenmalpinsel **25**, ausgeformte Katzenzungenpinsel **26**, Ausbesserungspinsel **27**, Schreibpinsel **28**, Aquarellpinsel **29** und Plakatschreiber **30**.

Abgewinkelte Pinsel gibt es mit Natur- und PE-Borsten. Mit ihnen erreicht man unzugängliche Stellen, z. B. hinter Heizkörpern.

Spezialpinsel: Reliefpinsel, Schablonentupfer (oben), Maurerpinsel, zwei schräge Fensterlackierer, Strichzieher, Plattpinsel (v. l. n. r.).

Pausentip: Wenn Lackierarbeiten unterbrochen werden, den Pinsel nicht jedesmal auswaschen, in Folie gerollt, wird er nicht hart.

101

Praktische Kratzer und Schaber zum Entfernen alter Anstriche. Die scharfkantigen Klingen sind auf dem Abziehstein nachschärfbar oder lassen sich mit wenigen Handgriffen auswechseln.

Bandschleifer arbeiten, besonders mit grobem Schleifband bestückt, sehr aggressiv. Sie dürfen nur für den ersten Vorschliff quer zur Maserung eingesetzt werden.

Elektrische Feile nennt sich dieser spezielle Feinschleifer. Er kann mit Schleifbändern ab 6 mm Breite bestückt werden und erreicht damit auch sehr enge Zwischenräume.

muß die alte Farbe runter

Optimale Lackierungen gelingen nur bei bester Vorbereitung des Untergrundes. Bei Renovierungsanstrichen gehört dazu auch das Entfernen alter Anstriche.

Vorhandene Lackierungen dürfen nur dann übergestrichen werden, wenn sie absolut fest auf dem Untergrund haften, eine glatte geschlossene Oberfläche aufweisen und Pinselstriche oder Rollenstrukturen nicht zu erkennen sind. Sorgfältiges Reinigen, feines Anschleifen und ggf. Spachteln sind dann aber als Vorleistung zu erbringen.

Unebene, teilweise abgeplatzte und rissige Altanstriche müssen vor einem Neuanstrich entfernt werden. Dafür gibt es drei Möglichkeiten: mechanisch, thermisch oder chemisch vorzugehen. Mechanisch geht das durch Schleifen, Kratzen oder durch Abziehen mit der Klinge. In jedem Fall muß vorsichtig gearbeitet werden, damit das unter dem Anstrich liegende Holz nicht beschädigt wird. Für glatte Flächen bieten sich Schaber mit auswechselbaren oder nachschärfbaren Klingen an. Zum Vorarbeiten können die Klingen leicht geriffelt sein, zum Nacharbeiten glatt. Die Schaberklinge wird kräftig auf den Untergrund gedrückt und über die Fläche gezogen. Das darf aber grundsätzlich nur in Richtung der Holzmaserung geschehen. Arbeitet man quer dazu, entstehen Riefen im Holz, die nur mühsam wieder plan geschliffen werden können. Die Farbe wird Schicht für Schicht abgeschält, oder sie springt bei der Bearbeitung in kleinen Placken ab. Ist die Klingenschneide stumpf, wird sie mit einem Abziehstein geschärft oder ausgewechselt.

Heißluftgeräte weichen Farbschichten auf, die dann mit einem Stoßspachtel abgeschoben werden. Mit besonders geformten Klingen geht das auch in Ecken und bei Profilen.

Alkalische Abbeizer werden mit Wasser angerührt und dick aufgetragen. Nach langen Einwirkzeiten lösen sich bis zu zehn Lackschichten in einem Arbeitsgang.

Profilierte Türen sind das ideale Einsatzgebiet für die puddingartigen Abbeizer. Die Masse muß gut in alle Fugen und Ritzen eingearbeitet werden, um auch dort die Farbe zu lösen.

Abbeizer, die Lösungsmittel enthalten, sind flüssig oder geleeartig. Sie werden mit dem Pinsel aufgestrichen und nach ca. 30 Min. zusammen mit der gelösten Farbe entfernt.

Heißluft oder Abbeizer

Die für das Holz schonendste Methode, den alten Lack zu entfernenn erfolgt mittels Heißluft. Ein dem Haarfön ähnliches Gerät (mit erheblich höherer Leistung) erzeugt einen bis zu 650° C heißen Luftstrom, der auf die alte Lackschicht gerichtet wird. Die Farbe wird weich und läßt sich mit einem Stoßspachtel abschieben. Mit entsprechend geformten Spachteln oder mit Hilfe einer Messing-Drahtbürste lassen sich die alten Farbschichten auf diese Art auch aus Ecken und Vertiefungen entfernen. Es ist jedoch Vorsicht geboten. Bei falscher Handhabung des Geräts kann man sich an dem heißen Luftstrom verbrennen oder, bläst man zu lange auf eine Stelle, das Holz ankohlen. Wegen der entstehenden Dämpfe sollte man nur im Freien oder in gut belüfteten Räumen arbeiten. Durch besondere Düsen kann der Luftstrom konzentriert oder so gerichtet werden, daß man auch in der Nähe empfindlicher Materialien oder bei Fenstern zum Beispiel dicht an der Scheibe arbeiten kann. Heißluftgeräte gibt es für Elektrobetrieb und mit wechselbaren Gaskartuschen.
Chemisch rückt man alten Anstrichen mit Abbeizern zu Leibe. Sie werden aufgetragen, lösen die Farbe an und werden dann mit ihr zusammen abgeschoben oder abgebürstet. Bei Acryllacken und Zweikomponentenlacken geht das nur mit stark lösungsmittelhaltigen Abbeizern. Sie entwickeln gesundheitsschädliche Dämpfe und sollten nur im Freien und in Verbindung mit Schutzeinrichtungen wie Handschuhe und Schutzbrille angewendet werden. Diese Abbeizer lösen meist nur eine Farbschicht pro Arbeitsgang. Bei mehreren Schichten muß man den Vor-

gang entsprechend oft wiederholen. Die Flächen müssen mit Terpentinersatz oder Verdünnung nachgereinigt werden. Alkalische Abbeizer, mit denen Kunstharz- und Öllacke entfernt werden können, enthalten keine Lösungsmittel. Sie werden als Pulver geliefert, das mit Wasser zu einem Brei angerührt wird. Die Masse wird aufgetragen und braucht mehrere Stunden Einwirkzeit. Gegen vorzeitiges Austrocknen kann die Fläche mit einer Folie abgedeckt werden. Bis zu 10 Farbschichten, auch in Ritzen und Fugen, können so in einem Arbeitsgang angelöst und dann leicht abgetragen werden. Die Fläche wird mit Wasser nachgewaschen und muß dann gut trocknen.

Abbeiz-Spray ist immer sofort einsatzbereit. Es löst Kunstharz-, Öl- und Nitrolacke. Da bei der Anwendung Lösemittel vernebelt werden, nur in belüfteten Räumen anwenden.

Mit Hochdruck vorarbeiten

Lose Farbteile, besonders bei Altanstrichen im Außenbereich, sollten schon vor dem Schleifen oder Abbeizen entfernt werden. Das geht mit Wasser und einem Hochdruckreiniger oder durch Abblasen mit Druckluft. Beim Arbeiten mit Wasser muß Holz vor dem Anstreichen austrocknen.

Sicherheitshinweise und Tips für die Anwendung findet man auf den Verpackungen der Abbeizer. Dort steht auch, für welche Arten von Farben sie geeignet sind.

Tür- und Fenstersanierung

Fenster und Türen zählen zu den teuren Elementen unserer Häuser. Ein Grund mehr, erhaltungswürdige Teile zu sanieren und nicht gleich auszuwechseln.

Den besonderen Reiz älterer Häuser machen häufig die Türen und Fenster aus. Stilgerechte Profilierungen der Oberfläche und die Aufteilung in einzelne Kassettenfelder zeugen von alter Handwerkskunst. Die Verarbeitung ausgesuchter und ausreichend abgelagerter Hölzer und die sorgfältige handwerksgerechte Verarbeitung haben oft Türen und Fenster viele Jahrzehnte überdauern lassen. Steht die Renovierung eines alten Hauses an, sollte reiflich überlegt werden, ob diese klassischen Bauteile nicht durch eine behutsame Sanierung gerettet werden können. Sie stilgerecht nachbauen zu lassen ist in den meisten Fällen wesentlich teurer als die Sanierung. Und ein weiterer Vorteil: Renovieren kann man die Teile selber, den Nachbau muß man in jedem Falle einem Fachmann überlassen.

Voraussetzung ist die weitgehende Unversehrtheit des Holzes sowie die Vollständigkeit und einwandfreie Funktion der Originalbeschläge. Kleine Fehler am Holz, Schäden durch Fäulnis und durch mechanische Beschädigung oder Abnutzung kann man mit modernen Mitteln ausbessern. Mit einigem handwerklichen Geschick lassen sich sogar einzelne Streben oder Holme nacharbeiten und so austauschen, daß es später nicht mehr sichtbar ist.

Daß sich auch eine arbeitsintensive Sanierung lohnt, zeigen die beiden Bilder – vorher und nachher – auf der linken Seite.

Bis zu zehn Farbschichten aus Kunstharz- und Ölfarben lösen alkalische Abbeizer in einem Gang, wenn sie über Nacht einwirken.

Das Nachwaschen mit klarem Wasser löst die verbliebenen Farbreste. Dem letzten Wasser zum Neutralisieren etwas Essig zusetzen.

Alle losen Holzteile vorsichtig abheben. Darunter verborgene Leimreste und Spachtelmassen mit einem Schaber entfernen.

Absolut trocken muß das Holz sein, bevor es geschliffen wird. Die Flächen per Maschine, die Ecken und Profile mit der Hand.

Mit Reparaturspachtel werden Fugen und Ritzen gefüllt. Die Masse gut durchtrocknen lassen, anschließend flächenbündig schleifen.

Die Holzschutz-Grundierung festigt die Oberfläche des Holzes und ist eine guter Haftgrund für die nachfolgenden Anstriche.

So stellt man die Fehler fest

Zuerst muß überprüft werden, ob die Renovierung der alten Tür noch lohnt. Bei dieser Beurteilung spielen vier Punkte die Hauptrolle.

△ Schließt die Tür noch gut?
Beim Öffnen und Schließen darf das Holz des Türblatts nicht auf dem Boden schleifen, nicht am Rahmen hängenbleiben oder, bei zweiflügeligen Türen, nicht den zweiten Flügel mitziehen.

△ Bleiben beim Schließen Ritzen?
Man kann das durch eine Sichtkontrolle feststellen, indem man bei Dunkelheit nach durchscheinendem Innenlicht sucht. Eine andere Möglichkeit ist die Kontrolle auf Luftzug. Führt man bei windigem Wetter und geschlossener Tür auf der Innenseite eine brennende Kerze an den Fugen entlang, darf die Flamme sich nur wenig bewegen.

△ Ist der Rahmen verzogen?
Das ist durch Anlegen eines geraden Metallprofils oder einer Richtlatte festzustellen. Bei verzogenen oder verdrehten Rahmen entstehen Zwischenräume.

△ Ist das Holz in gutem Zustand?
Den Zustand des Holzes kann man am besten an der Türunterseite feststellen, Dazu muß das Türblatt ausgehängt werden. Mit einer Nadel oder einem spitzen Messer kann man dann feststellen, ob das Holz noch ausreichend Festigkeit hat. Läßt sich das Werkzeug ohne große Mühe mehrere Millimeter in das Hirnholz des Rahmens stechen, lohnt eine Renovierung kaum. Weich gewordenes Holz findet man besonders bei Haustüren, die nicht durch ein Vordach vor Schlagregen geschützt sind.

Haben sich durch Schwinden des Holzes beim langjährigen Austrocknen Fugen zwischen einzelnen Bauteilen der Tür gebildet, ohne daß die Stabilität darunter leidet, kann der Fehler behoben werden. Mit geeigneten Füllstoffen und Spachtelmassen lassen sich die Fugen dauerhaft verschließen. Die dazu verwendeten Mittel sind spezielle Spachtelmassen, die auch nach dem Trocknen etwas flexibel bleiben und die natürlichen Bewegungen des Holzes mitmachen. Solche Reparaturspachtel gibt es auf Wasserbasis, mit herkömmlichen Lösemitteln oder auf Zweikomponentenbasis. In den Texten auf den Gebinden der Spachtelmassen findet man entsprechende Hinweise.

Bevor an den Holzteilen der Tür solche Reparaturarbeiten vorgenommen werden, sollte man alle alten Anstrichschichten sorgfältig entfernen.

Altes Holz ersetzen
Verfaultes Holz an Rahmen, Türblatt oder Fensterflügel kann partiell durch eine Reparaturmasse ersetzt werden. Die Zweikomponentenmasse läßt sich nach dem Aushärten wie Massivholz bearbeiten. Wichtig: Vorher alles befallene und weiche Holz vollkommen entfernen.

Nach dem Trocknen des Haftgrundes und einem Zwischenschliff erfolgt der erste Anstrich mit weißem oder farbigem Vorlack.

Unebenheiten nach dem Vorlack flächig spachteln, schleifen, zweiten Voranstrich und nach Zwischenschliff den Endlack aufbringen.

Zum Lackieren der Leisten kann die Tür wieder eingehängt werden. Die anderen Anstriche verlaufen besser, wenn die Tür liegt.

Alte Fenster haben ihren Reiz. Wenn die Substanz gut ist, lohnt sich das Renovieren. Isolierglas kann man nachträglich einsetzen.

Alte Fenster kann man retten

Auch bei Fenstern hängt die Entscheidung zwischen Renovieren und Erneuern hauptsächlich vom Zustand des Holzes ab. Dazu wird eine Sicht- und Funktionsüberprüfung wie bei den Türen beschrieben vorgenommen. Wobei die Funktion der Beschläge eine besonders wichtige Rolle spielt. In Spezialgeschäften für Beschläge (Gelbe Seiten) bekommt man teilweise noch Ersatzteile und Zubehör für sehr alte Fensterbeschläge. Reparaturen am Holz lassen sich bei Fenstern meist leichter durchführen als bei Türen. Sie sind kleiner, leichter zu handhaben und einfacher in der Holzkonstruktion.

Hinzu kommen aber bei Fenstern die Punkte Einbruchsicherheit und Wärmedämmung. Um Einbrechern das Leben zu erschweren, lassen sich Fenster nachträglich sichern. Es gibt zusätzliche Riegel, abschließbare Fenstergriffe und Zusatzschlösser zum Nachrüsten. Beratungsstellen der Kriminalpolizei geben darüber Auskunft und können in Musterausstellungen optimale Sicherheit demonstrieren.

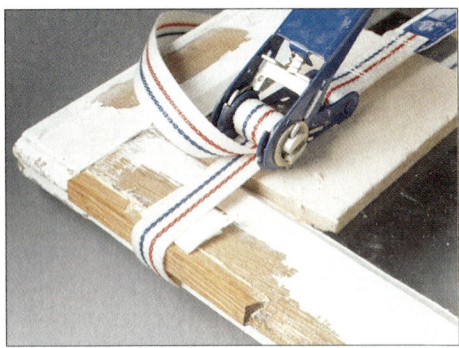

Holzkanten, die verfault oder abgenutzt sind, werden sauber ausgestemmt, ein Ersatzstück eingeleimt und später passend zugearbeitet.

Faules Holz aus den Fugen sorgfältig entfernen und durch 2-K-Reparaturmasse ersetzen. Aushärten lassen und bündig schleifen.

lassen sich durch Kunststoff ersetzen.

Eine Einfachverglasung der Fensterflügel ist heute nicht mehr zeitgemäß. Sie ist nur bei Kasten- oder Doppelfenstern zu akzeptieren. Sonst geht durch Einfachverglasung viel Heizenergie verloren, und sie führt zu einem unbehaglichen Wohnklima. Isolierglasscheiben lassen sich nachträglich einsetzen. Sind die Fenster noch ausreichend stabil und ist der Glasfalz tief genug, können einfache gegen passend angefertigte Doppelscheiben leicht ausgewechselt werden. Bei der Beurteilung der Möglichkeiten sollte ein Glaser zu Rate gezogen werden.

Wie Türen sollten auch alte Fenster vor einem Neuanstrich von Farben befreit werden. Der Anstrichaufbau der Neulackierung hängt von den verwendeten Anstrichmitteln ab. Am besten verwendet man ein komplettes Anstrichsystem, bei dem alle Komponenten (Grundierung, Voranstrich und Lackierung) von einem Hersteller kommen und genau aufeinander abgestimmt sind.

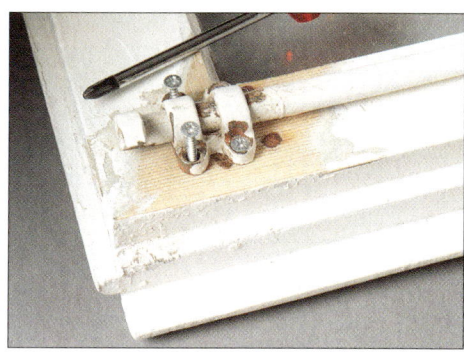

Die Dübel mit dem Stechbeitel abstoßen und bündig schleifen. In dem Holz der Dübel finden die Schrauben an alter Stelle neuen Halt.

Schließkloben können verbiegen oder herausfallen. Neue Kloben mit 2-K-Kleber einsetzen oder mit Flanschbefestigung anschrauben.

Ausgerissene Schrauben kann man um wenige Zentimeter in gutes Holz versetzen oder Löcher ausbohren und Holzdübel einleimen.

Wasserschenkel halten meist nicht so lange wie die Fensterrahmen. Nach der alten Vorlage neu anfertigen, mit Silikon einkleben.

Profilleisten und Stilelemente bekommt man als komplette Sätze, die man auch kombinieren kann. Das Holz ist fein geschliffen.

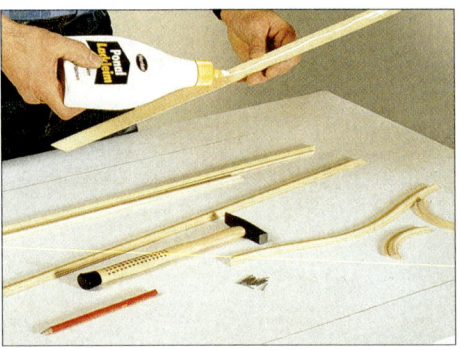

Mit Lackleim setzt man die Leisten auf die vorlackierte Tür. Die Teile werden zusätzlich mit feinen Drahtstiften gesichert.

Die Endlackierung erfolgt, wenn der Leim getrocknet ist. Vorher die Nagelköpfe versenken und die Löcher bündig verspachteln.

Stiltüren im Eigenbau

Glattflächige Zimmertüren sind zwar pflegeleicht und auch gut zu lackieren, doch einen besonderen Charme strahlen sie nicht gerade aus. Das läßt sich aber leicht ändern. Durch nachträgliches Aufsetzen von Profilleisten und Ornamenten kann man aus einer einfachen Standardtür eine Stiltür mit besonderer Note machen. Die Leisten, die man dazu braucht, erhält man als Satz im Baumarkt. Will man ohnehin die Türen renovieren, ist das eine gute Gelegenheit, sie optisch erheblich aufzubessern.

Man kann die Leisten, die es in verschiedenen Ausführungen und Stilrichtungen gibt, vor oder nach dem Lackieren aufsetzen. Die Befestigung ist einfach. Man verwendet zum Aufkleben Lackleim, der auch auf lackierten Flächen gut haftet. Zusätzlich kann man die Leisten mit kleinen Drahtstiften fixieren. Die Köpfe der Stifte werden nach dem Einschlagen mit einem Körner oder einem größeren Nagel versenkt und die entstandenen Löcher mit Holzkitt oder Spachtelmasse geglättet.

Mit wenig Aufwand wird aus einer preiswerten Tür aus dem Baumarkt eine elegante Stiltür. Passende Beschläge vervollständigen das Bild.

Erleben Sie Farbe neu.

Die Möglichkeiten, mit DULUX Ihre vier Wände zu verschönern, sind fast unbegrenzt. Denn DULUX bietet eine große Farbtonvielfalt, die keine Wünsche offen läßt. Ob Wand- und Deckenfarben, Lacke oder Holzveredelungsprodukte, DULUX hat für jede Anwendung das richtige Produkt. Zum Renovieren oder für den Neuanstrich. **DULUX Fachberatung: 0 21 03/7 78 88.**

Spritzen: der sanfte Lack-

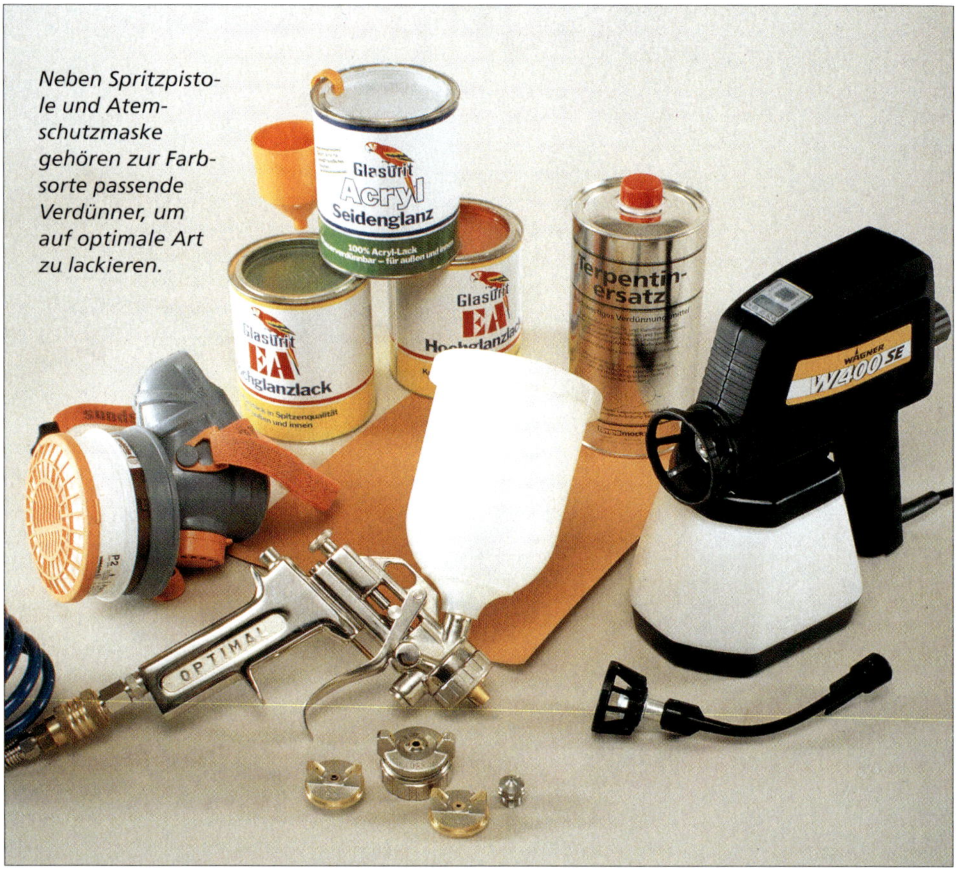

Neben Spritzpistole und Atemschutzmaske gehören zur Farbsorte passende Verdünner, um auf optimale Art zu lackieren.

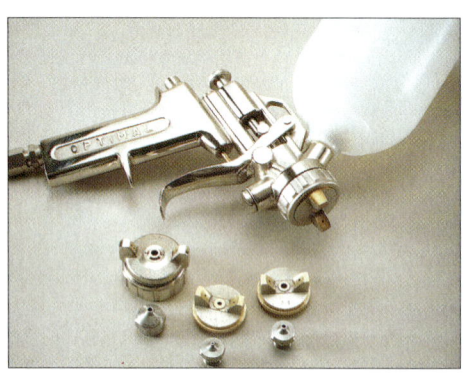

Spritzpistole für den Betrieb mit Druckluft. Die Düsen mit Spritzbild von großflächig bis punktförmig lassen sich leicht auswechseln.

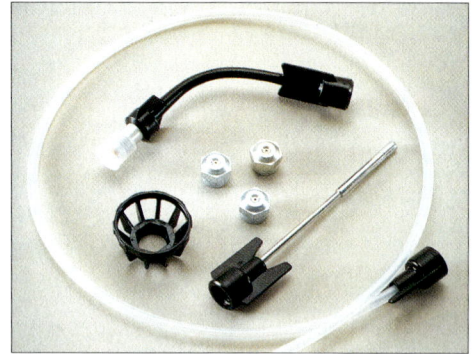

Zusatzteile machen das Spritzen an unzugänglichen Stellen möglich. Es gibt auch Düsen zum Sprühen von Unterbodenschutz.

Auftrag für Oberflächen

Mit einer Spritzlackierung erzielt man die besten Oberflächen. Aber nicht an allen Orten und an jedem Werkstück ist diese Bearbeitung möglich.

Spritzen bedeutet, daß Farbe durch eine Düse gepreßt und fein zerstäubt wird. Die winzigen Farbtropfen bilden dann auf dem Werkstück einen gleichmäßigen Film, der weder Pinsel- noch Rollenstruktur haben kann. Es gibt zwei Methoden des Spritzlackierens: Bei der einen wird die Farbe von Druckluft mit durch die Düse gerissen (Injektorprinzip), bei der anderen wird die Farbe selbst unter Druck gesetzt und durch die Düse gepreßt (Airless-Verfahren). Mit Luft läßt sich die Farbmenge besser dosieren, es entsteht aber ein größerer Farbnebel, und als Luftlieferant ist ein

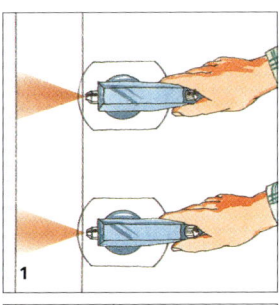

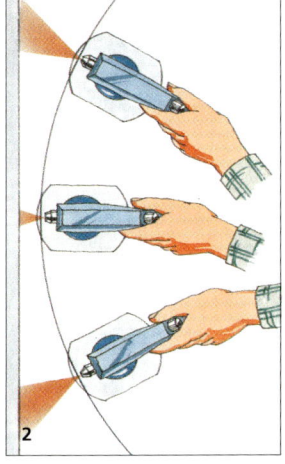

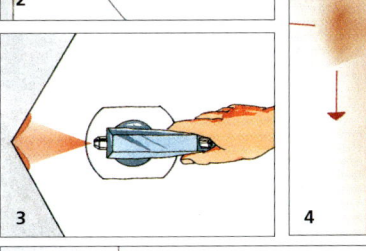

Der Farbstrahl soll immer rechtwinklig auf die Fläche treffen (1). Bei kreisförmigen Bewegungen wird der Farbauftrag ungleichmäßig (2). Bei Innenecken nicht direkt in die Ecke sprühen, das kann leicht zu Farbübersättigung und damit zu Lecknasen führen (3). Besser ist es, jede Seite für sich zu spritzen (4).

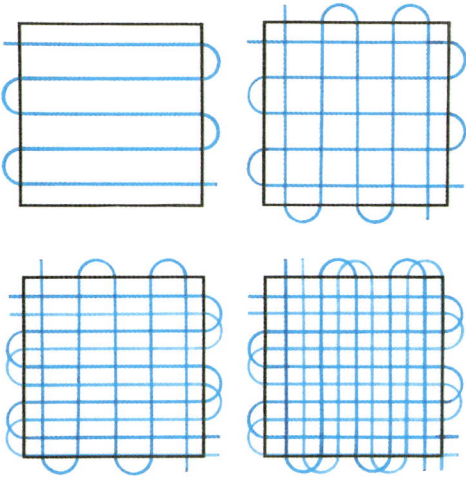

Flächen spritzt man im Kreuzgang in dünnen Schichten übereinander. Dazwischen häufiger kurze Ablüftpausen einlegen.

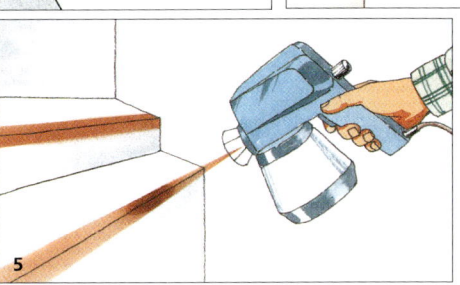

Bei Außenecken zuerst die vorstehenden Kanten und dann erst die dazwischenliegenden Flächen spritzen.

Spraydosen gibt es in klaren Farbtönen und mit Spezialeffekten. Die Dosenkappe zeigt die Wirkung der fertigen Lackierung.

Für Dekorationszwecke gibt es Spraylacke in Metalltönen, mit Perleffekt, als Hammerschlaglack oder mehrfarbigen Schrumpflack.

Dinge des täglichen Gebrauchs, hier ein einfacher Glasteller, bekommen durch den Spray-Effektlack eine besondere Wirkung.

Kompressor, zur Farbverteilung eine Spritzpistole erforderlich. Für das luftlose Spritzen (Airless) gibt es große, professionelle Spritzanlagen, aber auch handliche Pistolen. Bei ihnen wird der nötige Druck durch eine kleine elektrische Membranpumpe erzeugt. Die einfachen Spraydosen arbeiten auch nach dem Airless-Prinzip. Den erforderlichen Druck liefert das in der Dose enthaltene Treibgas.

Spritzen lassen sich fast alle Farben, Lacke und Lasuren. Sie müssen nur mit den passenden Lösemitteln auf die erforderliche Viskosität (Zäh- oder Fließfähigkeit) verdünnt werden. Gemessen wird die Viskosität mit einem speziellen Becher (DIN/Sec.-Becher), bei dem eine Füllung durch eine kleine Öffnung in vorgegebener Zeit ablaufen muß. Spritzen mit der Pistole lohnt nicht bei kleineren Lackierarbeiten, das Abdecken der Umgebung gegen den Spritznebel und das anschließende Reinigen der Pistole wäre zuviel Aufwand. Bei großen Flächen oder Werkstücken mit stark strukturierter Oberfläche wie Heizkörper, Korbmöbel oder Lamellentüren bewährt sich jedoch diese Lackiermethode besonders. Gespritzt wird auch dort, wo besonders glatte Flächen gewünscht werden, z. B. bei der Boots- oder Autolackierung.

Bei größeren Spritzarbeiten unbedingt einen Atemschutz tragen. Er hält Farbpartikel zurück.

Eine Einweg-Spritzkabine für kleine Teile

Der beim Spritzen auftretende Farbnebel verteilt sich in großem Umkreis und setzt sich als hartnäckiger Belag ab. Großflächiges Abdecken mit Zeitungspapier oder Abdeckfolie ist zu empfehlen. Sollen kleine Teile gespritzt werden, kann man großräumiges Vernebeln weitgehend verhindern, indem man die zu spritzenden Gegenstände in die offene Seite eines großen Pappkartons stellt. Damit die Teile nicht durch den Lack an der Pappe festkleben, kurze Leistenreste als Sockel darunterlegen.

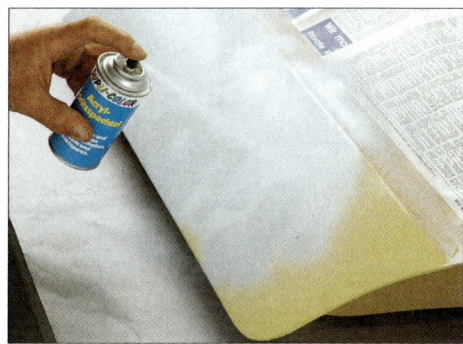

Spritzspachtel *füllt und ist der ideale Haftgrund für den Lack. Mit Naßschliffpapier (Körnung 400) anschleifen, Schleifreste entfernen.*

Lackschicht *im Kreuzgang auftragen. Viele dünne Lackschichten ergeben eine bessere Fläche als eine satte. Auf Lecknasen achten!*

Anschleifen, Spachteln, Naßschleifen, *das sind die Vorarbeiten beim Autolackieren. Das Umfeld dafür mit Kreppband abkleben.*

Die Übergänge *zwischen alter und neuer Lackschicht lassen sich mit Polierpaste ausgleichen. Den Lack vorher durchtrocknen lassen.*

Holzanstriche

Reizvolle Kontraste entstehen durch den Einsatz deckender Landhausfarben bei Holzbauten im Garten. Der Anstrich ist offenporig und wirkt feuchtigkeitsregulierend. Es kann kein Wasser eindringen, aber Holzfeuchte kann ausdampfen.

am Haus und im Garten

Immer häufiger wird Holz am Bau nicht nur für konstruktive Zwecke eingesetzt, sondern auch als dekoratives Element.

Nicht nur für Fenster und Türen, sondern auch als Giebelverkleidung, für Geländer, als komplette Fassadenverkleidung und für alle erdenklichen Bauten im Garten findet der natürliche Werkstoff Holz immer mehr Liebhaber. Eine lange Lebensdauer mit schönem Aussehen ist aber nur bei entsprechender Oberflächenbehandlung gewährleistet. Moderne Außenfarben ermöglichen das. Sie verschönern, schützen vor dem Eindringen von Wasser und Schädlingen und vor der Zerstörung durch den UV-Anteil des Tageslichts.

Konstruktive Holzteile und schmückende Elemente können mit einer gut deckenden Landhausfarbe gestrichen werden.

Fensterelemente und Klappläden sind hier mit zwei Schichten Holzdeckfarbe gestrichen.

Durch den zweifarbigen Anstrich mit Landhausfarbe erhält das Holz den nötigen Schutz und das Haus sein schönes Aussehen. Jeweils zwei Anstriche sind nötig: der erste als Grundierung und Vorstrich, der zweite als wirkungsvolle Schutzschicht und für die perfekte Oberfläche. Das Blau wird leuchtender auf weißem Grundanstrich.

Natürliche Rohstoffe als Basis

Durch die sich ändernde Luftfeuchtigkeit und Temperaturschwankungen schrumpft Holz und dehnt sich wieder aus, der Fachmann sagt, das Holz arbeitet. Filmbildende, nicht offenporige Lacke sehen zwar anfänglich gut aus, reißen aber leicht und werden unansehnlich. Feuchtigkeit und UV-Licht beginnen ihr Zerstörungswerk. Für größere Holzbauteile sind deswegen offenporige Anstriche besser geeignet. Dazu zählen die auf diesen Seiten gezeigten Anstrichmittel, deren Basis natürliche Rohstoffe sind. Die Schutzwirkung dieser Farben beruht auf dem Prinzip: Die Wachse und Öle dringen tief in das Holz ein. Ein kleiner Anteil eines Lösungsmittels transportiert die Farbe in die oberen Holzschichten. Diese Anstrichmittel bilden keinen geschlossenen Film, sondern ein offenporiges Netz – das Holz kann also atmen – an der Oberfläche. Die Öle und Wachse verhindern das Eindringen von Wasser.

Neues Holz bekommt einen Voranstrich mit Holzimprägnierung, die vorbeugend gegen Bläue, Fäulnis und Insektenbefall wirkt.

Landhausfarbe wird in zwei Schichten aufgetragen. Durch den hohen Pigmentanteil ist diese Farbe in allen Tönen hoch deckend.

Neben dem weißen Grundton werden für Landhaus- und Deckfarben acht Farbtöne angeboten.

Offenporige, deckende Farben, transparent auftrocknende Lasuren und Dekorwachs für außen.

So werden Metalle richtig geschützt

Mit den richtigen Schutzanstrichen versehen überdauern Eisentore mehrere Generationen. Am besten geschützt sind Teile, die vorher verzinkt wurden.

Die meisten Metalle, die der Witterung ausgesetzt sind, korrodieren mit der Zeit. Mit dem richtigen Schutzanstrich bleiben sie lange ansehnlich.

Zur Rostentfernung per Hand: Stoßspachtel, Schleifpapier, Drahtbürsten, Kratzen, Schaber, Schlackenhammer und Dreikantschaber.

Wenn sie gut unter Farbe sind, weiß man bei manchen Gegenständen am oder ums Haus gar nicht, aus welchem Material sie sind. Ungepflegte und schlecht geschützte Eisenteile machen sich aber sofort durch Rostbildung bemerkbar. Schon kleine, punktförmige Rostansätze, die nicht gleich behandelt werden, breiten sich schnell zu großen Nestern oder zu Flächenrost aus. Die Bildung von Rost ist eine elektrochemische Reaktion, wenn der Sauerstoff der Luft und Wasser bzw. Luftfeuchtigkeit mit der Oberfläche von ungeschütztem Eisen in Verbindung kommen. Rost zerstört die Oberfläche, macht sie porös und führt letztlich zu Materialzerstörung. Anders ist das z. B. bei Kupfer und Messing, deren Korrosionsschicht einen Schutzmantel gegen weitere Außeneinflüsse bildet. Wenn man nicht unbedingt eine polierte, hochglänzende und metallisch reine Oberfläche haben will, kann man diese Metalle ungeschützt lassen. Ihre natürliche Schutzschicht, die dunkelbraun bis leuchtend grün sein kann, ist häufig auch als Patina willkommen.

Für den Maschineneinsatz: Stahldrahtbürsten, Kunststoffbürsten, Fächerschleifer, Stielbürste, Schleifteller und Schroppscheiben.

Eisen und Stahl müssen jedoch durch geeignete Maßnahmen gegen Rost geschützt werden. Das kann industriell z. B. durch Verzinken, Verchromen oder Pulverbeschichten erfolgen. Als Selbermacher bleibt einem aber nur das Auftragen von Schutzanstrichen, die, wenn sie richtig verarbeitet wurden, auch einen lang anhaltenden Schutz bieten.

Petroleum oder Kriechöl löst eingerostete Schrauben. Teile vor dem Auftrag von Rostschutz oder Farbe mit Verdünnung entfetten.

Verzinkte Eisenteile müssen vor dem ersten Anstrich gut abwittern. Zinkstaubgrund ist eine ideale Grundierung vorm Kunstharzlack.

Additive, die normalen Kunstharzlacken beigegeben werden, verbessern deren Haftung auf verzinkten Flächen oder Teilen erheblich.

Mechanisch oder mit Chemie

Bevor Eisen- oder Stahlteile mit einem schützenden Anstrich versehen werden, sind einige Vorarbeiten nötig. Damit sich der Rostfraß unter dem Anstrich später nicht fortsetzen kann, müssen vorhandener Rost und alte Anstriche vollständig entfernt werden.

Die Bearbeitung der Oberfläche mit Drahtbürsten, Kratzern und Schleifpapier ist mühsam, aber nicht immer zu vermeiden. Gute Helfer bei der Rostentfernung sind rotierende Stahlbürsten und Schleifschieben, die in eine Bohrmaschine oder in einen Winkelschleifer eingespannt werden. Bei der Bearbeitung kleiner Teile spannt man die Maschine fest in einen Aufspannbock und führt das Werkstück an das rotierende Schleifmittel, größere Gegenstände fixiert man mit Zwingen am Tisch oder im Schraubstock und führt die Maschine in der Hand.

Bei solchen Arbeiten muß zur Sicherheit unbedingt mit Schutzbrille, dicken Lederhandschuhen und mit einem Mundschutz gegen feinen Staub gearbeitet werden.

Neues Zinkblech kann man künstlich abwittern. Eine Salmiakgeist-Wasser-Lösung (1:20) auftragen und nach ca. 15 Min. abspülen.

Zinkstaubgrund aus der Sprühdose ist eine metallische Rostschutz-Haftgrundierung. Sie wirkt schützend wie eine Kaltverzinkung.

Rost gründlich entfernt werden.

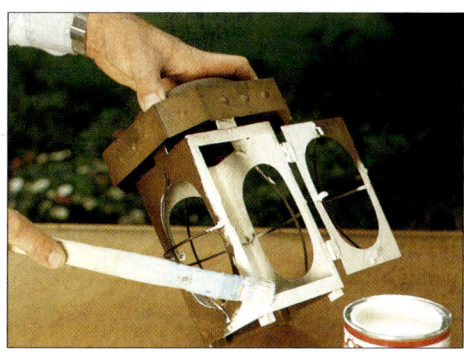

Rostschutzfarben, die den Rost binden, verfestigen und das Material vor neuem Rost schützen, gibt es in verschiedenen Farbtönen.

Dünne Rostschichten, die sich noch nicht tief in das Material eingegraben haben, kann man auch auf chemische Weise entfernen. Dafür gibt es Rostentferner oder Rostkiller, die nur aufgetragen und nach dem Trocknen mit dem gelösten Rost abgebürstet werden können. Manche Mittel entfernen oder lösen den Rost nicht, sie wandeln ihn in einem chemischen Prozeß um. Sie sind auf der Basis von Mineralsäuren hergestellt und werden auch als Metallbeizen bezeichnet. Manche Rostumwandler bilden bei der Umwandlung eine Schicht, die das Material vor neuem Rostbefall schützt.

Weitgehenden Schutz gegen neuen Rost bieten Schutzgrundierungen und Schutzlacke, die aufgestrichen, gerollt oder aus Spraydosen aufgetragen werden. Moderne Rostschutzmittel enthalten kein Blei mehr und sind gesundheitlich unbedenklich. Bei allen Entfernern, Umwandlern und den nachfolgenden Schutzfarben sind die Hinweise und Erklärungen auf den Verpackungen zu beachten.

Aluminium muß gut abwittern und vor dem Anstrich mit Verdünner von Verschmutzungen aller Art befreit werden.

Eine Rostschutzfarbe sollte unmittelbar nach dem Entrosten aufgetragen werden, damit sich keine Feuchtigkeit absetzen kann.

Acryllack ist die richtige Farbe für den Anstrich auf Aluminium. Bei glatten Flächen kann man sie mit der Rolle auftragen.

Stichwortregister

Fotografen: Ariadne Ahrens, Seite 6/7, 8, 10, 12/13, 20–23, 28–31, 76–79; Peter Doering, Seite 92–97; Jörg Jochmann, Seite 122, 124/125; René Lauert, Seite 74, 91, 98/99; Lehnartz, Seite 12/13; Ferdinand Graf Luckner, Seite 10, 32–39; Marco Moog, Seite 52/53, 75, 100/101; Ostermann & Scheiwe, Seite 75, 118–121; Rasch-Tapeten, Seite 8/9; G. P. Reichelt, Seite 18, 117; Petra Stange, Seite 16–18, 44–47, 48–51, 54–57, 60–64, 80–83, 84–87, 88–90, 102/103, 110/111; Karin Vogel-Berensmann, Seite 19, 40–43, 68–71, 106–109, 114; Frank Willhöft, Seite 66/67, 112

Die Bücher, mit denen das Schaffen zu Hause mehr Spaß macht.

60300

60317

60305

60309

60310

Ferner liegen vor:

Tapezieren. Streichen. Lackieren.
60301

Fußböden verlegen – Teppich, Holz, Kunst- stoff
60302

Badeinbau und Sanitärarbeiten
60303

Energiesparen durch Wärmedämmung
60304

Dachboden ausbauen
60306

Küche renovieren und einbauen
60307

60312

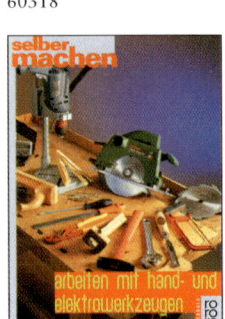

60318

Türen, Fenster und Treppen einbauen
60308

Wände und Decken vertäfeln
60311

Einbruchschutz
60313

Rustikale Möbel bauen
60314

60316

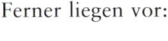
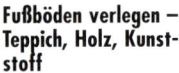

60319

Gewässer im Garten
60315